Duden

Crashkurs Rechtschreibung

Ein Übungsbuch
für Ausbildung und Beruf

3., aktualisierte Auflage

Dudenverlag
Berlin

Die Rechtschreibung in diesem Buch folgt im Falle von Schreibvarianten den Empfehlungen von **Duden – Die deutsche Rechtschreibung**.

Die **Duden-Sprachberatung** beantwortet Fragen
zu Rechtschreibung, Grammatik, Zeichensetzung u. Ä.
montags bis freitags zwischen 09:00 und 17:00 Uhr.
Aus Deutschland: **09001 870 098** (1,99 € pro Minute aus dem Festnetz)
Aus Österreich: **0900 844 144** (1,80 € pro Minute aus dem Festnetz)
Aus der Schweiz: **0900 383 360** (3,13 CHF pro Minute aus dem Festnetz)
Die Tarife für Anrufe aus den Mobilfunknetzen können davon abweichen.
Den kostenlosen Newsletter der Duden-Sprachberatung können Sie unter
www.duden.de/newsletterabonnieren.

Bibliografische Information der Deutschen Nationalbibliothek
Die Deutsche Nationalbibliothek verzeichnet diese Publikation in der
Deutschen Nationalbibliografie; detaillierte bibliografische Daten sind im
Internet über http://dnb.d-nb.de abrufbar.

Das Wort **Duden** ist für den Verlag Bibliographisches Institut GmbH als Marke geschützt.

Kein Teil dieses Werkes darf ohne schriftliche Einwilligung des Verlages in irgendeiner
Form (Fotokopie, Mikrofilm oder ein anderes Verfahren), auch nicht für Zwecke der
Unterrichtsgestaltung, reproduziert oder unter Verwendung elektronischer Systeme
verarbeitet, vervielfältigt oder verbreitet werden.

Alle Rechte vorbehalten.
Nachdruck, auch auszugsweise, nicht gestattet.

© Duden 2014   D C
Bibliographisches Institut GmbH, Mecklenburgische Straße 53, 14197 Berlin

Redaktionelle Leitung Simone Senk, Constanze Schöder
Redaktion Dr. Anja Steinhauer
Text Dr. Anja Steinhauer
Herstellung Ursula Fürst
Layout Horst Bachmann
Umschlaggestaltung Hemm-communication.design, Filderstadt
Satz akuSatz Andrea Kunkel, Stuttgart
Druck und Bindung Heenemann GmbH & Co KG,
Bessemerstraße 83–91, 12103 Berlin
Printed in Germany

ISBN 978-3-411-73363-7
Auch als E-book erhältlich unter: ISBN 987-3-411-90893-6
www.duden.de

Inhalt

1	**Groß- und Kleinschreibung**	**5**
1.1	Substantivierungen oder nicht?	11
1.2	Sprach- und Farbbezeichnungen	17
1.3	Feste Begriffe, Eigennamen, Titel	19
1.4	Zahlwörter und Zeitangaben	21
1.5	Satzanfang und Anrede	22

2	**Getrennt- und Zusammenschreibung**	**25**
2.1	Grundsätzliches	29
2.2	Verben	32
2.3	Adjektive und Partizipien	38
2.4	Substantiv + Präposition	40
2.5	Schreibung mit Bindestrich	41

3	**Dehnung und Schärfung**	**43**
3.1	Dehnung	45
3.2	Schärfung	50
3.3	s, ss oder ß	52

4	**Gleich und ähnlich klingende Wörter und Laute**	**54**
4.1	das / dass	56
4.2	wider / wieder	59
4.3	ä / e, äu / eu, ai / ei	62
4.4	end- / ent-, -and / -ant, tod- / tot-	63
4.5	seid / seit, Stadt / statt	66

Inhalt

5	**Fremdwörter**	**69**
5.1	Fremdwörter aus dem Englischen	71
5.2	Fremdwörter aus dem Französischen	74
5.3	Fremdwörter aus dem Lateinischen, dem Griechischen und aus anderen Sprachen	76

6	**Zeichensetzung**	**79**
6.1	Komma bei Haupt- und Nebensätzen	83
6.2	Komma bei Infinitivgruppen und Partizipgruppen	89
6.3	Komma bei Aufzählungen und Vergleichen	91
6.4	Komma bei Zusätzen, Erläuterungen und Beisätzen	94
6.5	Zeichensetzung bei wörtlicher Rede und bei Zitaten	96

7	**Worttrennung am Zeilenende**	**99**

8	**Abschlusstest**	**104**

Lösungen	**114**
Register	**128**

1 Groß- und Kleinschreibung

Satzanfänge und Titel

Das erste Wort eines Satzes wird großgeschrieben.

Für die Prüfung bringen Sie bitte Papier und Stifte mit.

Ebenso das **erste Wort einer Über-schrift oder eines Titels.**

Gestern erneutes Doping-Geständnis
Hast du schon „Unter Geiern" gelesen?

Nach **Auslassungspunkten** oder einem **Apostroph am Satzanfang** wird klein weitergeschrieben.

… und weiter ging die Reise.
's war echt irre!

Folgt **nach einem Doppelpunkt** ein vollständiger Satz, wird das erste Wort großgeschrieben.

Folgendes ist wichtig: Die Fenster müssen geschlossen bleiben.

Folgt kein selbstständiger Satz, son-dern z. B. eine Aufzählung, schreibt man das erste Wort klein.

Zur Prüfung sind mitzubringen: unliniertes Papier und Stifte.

Das erste Wort einer **direkten Rede** nach dem Doppelpunkt wird groß-geschrieben.

Der Kunde fragte: „Können Sie mir bitte helfen?"

Substantive

Großschreibung gilt für alle **Substan-tive** (Hauptwörter, Nomen).

Text, Kollegin, Tisch, Material

■ Substantive stehen häufig mit einem Artikel; es gibt bestimmte und unbestimmte Artikel.

der Garten, die Schule, das Haus
ein Garten, eine Schule, ein Haus

■ Substantive können auch Adjektive (Eigenschaftswörter), Pronomen (Fürwörter) und Zahlwörter vor sich haben oder einen Artikel, der mit einer Präposition (Verhältniswort) verschmolzen ist.

beste Ergebnisse, mein Arbeitsplatz, drei Verträge, viel Geld

zur Arbeit, im Büro

■ Manchmal ist es nicht ganz leicht, zu entscheiden, ob ein Substantiv vor-liegt, da auch Wörter anderer Wort-arten als Substantive verwendet werden können; das nennt man Substantivierung.

beim Arbeiten, das Wichtigste

1 Groß- und Kleinschreibung

Substantivierungen

Werden **Wörter anderer Wortarten substantiviert** (also als Substantiv verwendet), schreibt man sie ebenfalls groß. Das betrifft:

1. **Verben** (Tätigkeitswörter) – vor substantivierten Verben steht meist ein Artikel oder eine Präposition oder eine Verschmelzung aus beidem,

Das viele Telefonieren nervte sie schon.
Mit Abschreiben erreicht man nichts.
Die ganze Abteilung war am Gelingen des Projektes beteiligt.

2. **Adjektive** – substantivierte Adjektive haben oft Artikel oder unbestimmte Mengenangaben vor sich, Großschreibung gilt auch in Redewendungen,

Fußball ist für sie das Größte.
Er vergaß nichts Wesentliches.
Es kam kaum etwas Inhaltliches.
den Kürzeren ziehen, im Trüben fischen

3. **Partizipien** (Mittelwörter),

der Lesende, nichts Gedrucktes

4. **Pronomen,**

Das ist ein Er, keine Sie.

5. **Zahlwörter,**

die Prüfung mit einer Zwei bestehen

6. **Paarformeln zur Bezeichnung von Personen,**

Arm und Reich kam angelaufen,
Groß und Klein war begeistert.

7. die meisten **unbestimmten Zahladjektive,**

alles Übrige, nicht das Geringste, es gibt Verschiedenes zu tun

8. **Konjunktionen** (Bindewörter) und **Präpositionen,**

Sie machen das ohne Wenn und Aber.
Man muss das Für und Wider abwägen.

9. **Interjektionen** (Ausrufewörter).

mit großem Ach und Weh

Allein stehende Adjektive oder Partizipien, die sich auf ein vorher oder nachher genanntes Substantiv beziehen, sind nicht substantiviert, sie werden kleingeschrieben.

Die neue Abrechnungsmethode ist einfacher als die alte.
Frisches Gemüse ist gesünder als gekochtes.

Entsprechend werden alle Wörter, die keine Substantive sind, kleingeschrieben, wenn sie wie ihre ursprüngliche Wortart verwendet werden: Verben und Partizipien (1), Adjektive (2), Adverbien (3), Artikel (4),

(1) spielen, lachen; spielend, gelacht
(2) schön, bunt
(3) gestern, gern, mittags
(4) der, die, das, ein, eine

1 Groß- und Kleinschreibung

Pronomen (5), Präpositionen (6), Konjunktionen (7) und Zahlwörter (8).	(5) du, er, mein (6) in, auf, unter (7) wenn, trotzdem (8) viel, wenig, drei
Superlative, die mit *auf das / aufs* gebildet werden und mit *Wie?* erfragt werden können, werden in der Regel großgeschrieben. Als Nebenform ist die Kleinschreibung zulässig.	Sie war aufs **Ä**ußerste / **ä**ußerste auf die Ergebnisse gespannt. Dieses Verhalten wurde auf das **S**chärfste / **s**chärfste verurteilt.
In festen adverbialen Wendungen aus **Präposition und Adjektiv ohne Artikel** wird das Adjektiv kleingeschrieben. Ist das **Adjektiv** wie ein Substantiv dekliniert (gebeugt), so kann man es großschreiben.	Die Kunden reisten von **n**ah und **f**ern an. über **k**urz oder **l**ang Ich warte seit **L**angem / **l**angem auf Sie. Von **N**ahem / **n**ahem betrachtet ...
Sprachbezeichnungen können Adjektive (Kleinschreibung) oder Substantive (Großschreibung) sein. Als Adjektive kann man sie meist mit *Wie?* erfragen, als Substantive mit *Was?* oder diese stehen nach einer Präposition.	Im Plenum ist **e**nglisch (wie?) / **E**nglisch (was?) zu sprechen. Für diesen Job braucht man **E**nglisch. Auch **S**panisch ist eine **W**eltsprache. Dieses Buch ist in **D**änisch geschrieben.
Auch **Farbadjektive** können als Substantive gebraucht werden. Dann kann man sie nicht durch *Wie?* erfragen.	Ich habe meine Jeans **p**ink gefärbt. (Wie?) Das **R**ot deiner Haare ist schön. (Was?)
Farb- und Sprachbezeichnungen, die **mit einer Präposition** stehen, werden generell großgeschrieben.	Die Ampel steht auf **R**ot. Bei **G**rün darf man fahren. Der Vortrag ist auf **E**nglisch zu halten. Mit **E**nglisch kommt man überall klar.

Lange Zusammensetzungen

In **nominalen Aneinanderreihungen** werden alle Wörter durch Bindestrich miteinander verbunden. Das erste Wort schreibt man groß, auch wenn es kein Substantiv ist, ein substantiviertes Verb am Ende wird auch großgeschrieben.	Der **P**ro-Kopf-Verbrauch an Wasser steigt. Das ist ja zum **A**us-der-Haut-**F**ahren.
Abkürzungen, zitierte Wortformen und Einzelbuchstaben bleiben unverändert.	der pH-Wert, die km-Zahl, der dass-Satz der i-Punkt, die x-Achse

7

1 Groß- und Kleinschreibung

Feste Begriffe, Eigennamen und Titel

In **Verbindungen aus Adjektiv und Substantiv** wird das Adjektiv im Normalfall kleingeschrieben.
Bilden beide einen **festen Begriff**, darf man das Adjektiv auch großschreiben, besonders wenn eine neue Bedeutung entstanden ist.
Vor allem fachsprachliche Begriffe schreibt man dann gewöhnlich groß.

autogenes Training
künstliche Intelligenz

der **b**laue / **B**laue Brief
das **S**chwarze / **s**chwarze Brett
die **E**rste / **e**rste Hilfe

die **R**ote Karte (im Fußball)
die **K**leine Anfrage (im Bundestag)

Das Adjektiv in mehrteiligen **Eigennamen** wird generell großgeschrieben.
Großschreiben muss man das Adjektiv außerdem bei:
- Titel-, Ehren- und Amtsbezeichnungen,
- geografischen Namen,
- historischen Ereignissen oder Epochen,
- besonderen Kalendertagen,
- Klassifizierungen in Botanik und Zoologie
- Sternen und Sternbildern.

das **D**eutsche **R**ote Kreuz, die **V**ereinten Nationen, die **W**estfälische Rundschau

der **R**egierende Bürgermeister (Berlin), der **H**eilige Vater, **K**önigliche Hoheit
das **T**ote Meer, der **R**ote Platz (Moskau), der **Z**weite Weltkrieg, der **W**estfälische Frieden, die **G**oldenen Zwanziger
der **W**eiße Sonntag, der **H**eilige Abend
das **F**leißige Lieschen, die **S**chwarze Witwe
Großer Wagen, **K**leiner Bär

Herkunftsbezeichnungen auf *-isch* schreibt man meistens klein.
Herkunftsbezeichnungen auf *-er* schreibt man groß.

französisches Baguette, **e**nglisches Bier

die **B**remer Stadtmusikanten, der **H**amburger Hafen

Von **Personennamen abgeleitete Adjektive** auf *-(i)sch* werden kleingeschrieben, wenn sie nicht Teil eines Eigennamens sind.

die Schriften Martin Luthers – die **l**utherische Bibelübersetzung, der heilige Gregor – der **g**regorianische Kalender

Möchte man den Personennamen hervorheben, kann man ihn groß lassen und die Endung mit einem Apostroph abtrennen.

das **O**hm'sche Gesetz (oder: das **o**hmsche Gesetz), die **D**arwin'sche Evolutionstheorie (oder: die **d**arwinsche Evolutionstheorie)

1 Groß- und Kleinschreibung

Zahlen und Zeitangaben

Grundzahlen (eins, zwei, drei ... hundert) werden kleingeschrieben. Die Grundzahlen werden großgeschrieben, wenn sie als Substantiv gebraucht werden.

Ich habe **z**wei Projekte. Rufen Sie mich bitte gegen **z**ehn an.
Die **S**echs gewinnt. Ich habe eine **Z**wei in der Zwischenprüfung.

Ordnungszahlen (erste, zweite, dritte ... hundertste) werden kleingeschrieben, wenn sie ein Bezugswort bei sich haben.
Sie werden großgeschrieben, wenn sie als Substantiv gebraucht werden.

Er war der **e**rste Azubi mit Einserzeugnis.

Sie erfüllte die Zielvereinbarung als **E**rste.
Er wird **L**etzter werden.
die Rechte **D**ritter, der **N**ächste

Unbestimmte Zahladjektive werden in der Regel großgeschrieben, wenn sie substantiviert sind (↑S. 6).

Sie sind der **E**inzige, dem ich vertraue.
Ich kann dazu alles **M**ögliche erzählen.

Die vier Zahladjektive *viel – wenig – ein – andere* werden in der Regel in allen Formen kleingeschrieben.
Auch Pronomen wie *manche – jede – beide – einige* werden kleingeschrieben.

Nur **w**enige eröffneten ein Konto.
Die **e**inen beklagten sich, die **a**nderen machten mit. Unter **a**nderem ...
Den Ausbilder mochten **m**anche gern, die **b**eiden aber nicht.

Werden mit *Dutzend, hundert* oder *tausend* unbestimmte Mengen angegeben, können diese groß- oder kleingeschrieben werden.

Hunderte / **h**underte kamen zur Filialeröffnung.
Viele **T**ausend / **t**ausend haben gespendet.

Wenn unbestimmte Zahladjektive eine übertragene Bedeutung haben, schreibt man sie groß.

Die Meinung der **V**ielen (der Masse) ist für die Werbung entscheidend.

Tageszeiten können als Substantiv auftreten. Man erkennt das meist am Artikel oder einer Präposition und schreibt sie dann groß.

zu **M**ittag essen, gegen **A**bend kommen, vor **M**itternacht einschlafen

Stehen die substantivischen Zeitangaben im Genitiv, wird ein *-s* angehängt und sie werden ebenfalls immer großgeschrieben.

eines **T**ages, des **A**bends, eines **M**orgens

1 Groß- und Kleinschreibung

Zeitangaben wie *vorgestern, gestern, heute, morgen* und *übermorgen* sind **Adverbien** und werden kleingeschrieben, ebenso die Zeitangaben, denen ein -s angehängt wurde (nicht zu verwechseln mit den auf Seite 9 unten genannten Tageszeiten als Substantive im Genitiv!).	Sie kamen bereits **g**estern. Wollen wir **m**orgen in die Kantine gehen? **m**orgens, **m**ittags, **a**bends
Tageszeiten-Substantive nach diesen Adverbien werden großgeschrieben.	heute **M**ittag, gestern **M**orgen, morgen **A**bend
Ausnahme: Bei der nachgetragenen Zeitangabe *früh* ist beides möglich.	morgen **f**rüh / **F**rüh
Bei **Uhrzeiten** werden *halb* und *viertel* gewöhnlich kleingeschrieben. *Aber:* Das *Viertel* wird großgeschrieben, wenn es als Substantiv gebraucht wird.	Der Wecker klingelt um **h**alb sieben. Es ist drei **v**iertel acht. Um **v**iertel acht wird aufgeschlossen. Um [ein] **V**iertel vor acht wird geöffnet. Pause ist um [ein] **V**iertel nach eins.

Anrede

Die **Höflichkeitsanrede** *Sie* wird immer großgeschrieben. Dies gilt auch für die Pronomen *Ihnen, Ihre, Ihr* usw., die sich auf die angesprochene Person beziehen.	Können **S**ie mir helfen? Wir würden uns freuen, **I**hnen wieder als Berater zur Seite stehen zu dürfen. **S**ie haben gestern **I**hre Tasche hier liegen lassen.
Das rückbezügliche Pronomen *sich* schreibt man jedoch, wie auch andere Pronomen wie *mich*, immer klein.	Bei der Abrechnung haben **S**ie **s**ich geirrt. **S**ie können **s**ich sicher daran erinnern.
Die Pronomen der **vertraulichen Anrede** *du* und *ihr* (also Plural!) sowie die entsprechenden Possessivpronomen (besitzanzeigendes Fürwort) werden kleingeschrieben.	Könntest **d**u deinen Kollegen um einen Gefallen bitten? Wo habt **i**hr eure Sachen gelassen?
In **Briefen** (und nur da!) kann man die vertrauliche Anrede wie die Höflichkeitsanrede großschreiben. *Merke:* Die Großschreibung wird oft als höflicher empfunden und ist daher empfehlenswert.	Liebe Julia, wie geht es **E**uch / **e**uch inzwischen? Seid **I**hr / **i**hr gut im Urlaub angekommen und hast **D**u / **d**u **D**ich / **d**ich etwas von der Meisterprüfung erholt?

1.1 Substantivierungen oder nicht?

1 Bestimmen Sie, welche Wortart hier substantivisch verwendet wird.

a) das Laufen: _Verb_

b) etwas Tolles: _Verb Adjektiv ✓_

c) der Badende: _Adjektiv Partizip I_

d) nichts Geschriebenes: _Partizip II_

e) alles Übrige: _Adjektiv / Zahladjektiv unbestimmt_

f) vier Einsen im Zeugnis: _Zahladjektiv Zahlwörter_

g) das Lesen: _Verb_

h) alles Gute: _Adjektiv_

i) das Geschriebene: _Partizipien II_

j) Es ist eine Sie: _Personalpronomen_

k) das Für und Wider: _Interjektionen Konjunktion Präposition_

l) das Lob der Vielen: _Zahladjektiv unbestimmt_

m) etwas Derartiges: _Adjektiv_

2 Überlegen Sie, ob Sie groß- oder kleinschreiben müssen, und streichen Sie jeweils das falsche Wort durch.

a) Der Chef hört jeden einzelnen / Einzelnen ab.

b) Am letzten / Letzten des Monats muss das Geld auf meinem Konto sein.

c) Im großen / Großen und ganzen / Ganzen bin ich zufrieden.

d) Heute geht es mir zum ersten mal / Mal wieder gut.

e) Ich bekomme einen Vertrag, alles andere / Andere ist unwichtig.

f) Es ist das wenigste / Wenigste, dass du dich bedankst.

g) Er spielt trotz / Trotz seiner Verletzung.

h) Da kannst du jeden beliebigen / Beliebigen fragen.

i) Du solltest den Vertrag ohne wenn / Wenn und aber / Aber unterschreiben!

j) Zur Eröffnung kamen groß / Groß und klein / Klein, alte / Alte und junge / Junge.

k) Nicht nur dicke / Dicke gehen mit dir durch dick / Dick und dünn / Dünn.

1 Groß- und Kleinschreibung

3 Ergänzen Sie die Lücken und entscheiden Sie, ob das betreffende Wort groß- oder kleingeschrieben wird.

Gefährlicher Betriebsausflug

Am __nde unseres gestrigen Fahrradausflugs ereignete sich ein Zwischenfall, der unsere Nerven aufs __ußerste strapazierte. Auf dem Rückweg mussten wir über eine achtspurige Brücke, die jetzt am __achmittag am __ichtesten befahren war. Die älteren Azubis fuhren den __üngeren voraus und die __chnellsten hatten die höchste Stelle der Brücke bereits erreicht, als sie plötzlich anhielten. Obwohl die Räder alle vor __urzem überprüft worden waren, hatte __emand einen Platten. Das __lügste wäre es gewesen, auf die __achfolgenden zu warten, denn unser Ausbilder hatte uns immer wieder aufs __indringlichste vor dem __berqueren der Brücke gewarnt.

Nichts __elerntes schien jedoch in diesem Moment zu zählen und zudem winkte auf der anderen Seite einer der __nseren mit einem Ersatzreifen. So trat der angeblich __utigste der Azubis mit viel Getöse auf die Fahrbahn. Er schien sich nicht im __ntferntesten der Gefahr bewusst zu sein. Am __uälendsten war unsere Machtlosigkeit, denn über __urz oder __ang musste ein Unglück gesche-hen. Der Kollege hatte schon fast den gegenüberliegenden Bürgersteig erreicht, als ein Auto auf der __ußersten Spur heranschoss. Der Wagen erfasste ihn an den Füßen und schleuderte ihn einige Meter weit. Der __erletzte blieb mit Prellungen liegen. So __ancher traute sich nicht mehr auf die Straße zu blicken! Heute ist das __rlebte im Betrieb Gesprächsthema, ebenso die Entscheidung der Ge-schäftsleitung, dass bis auf __eiteres kein Fahrradausflug mehr als Betriebsaus-flug stattfindet.

12

1.1 Substantivierungen oder nicht? **1**

4 Groß oder klein?
Streichen Sie die falsche Schreibung durch.

Heute / heute Morgen / morgen um Acht / acht fuhr ich zur Arbeit, wie jeden
Tag / tag. Normalerweise habe ich am Donnerstag / donnerstag immer schlechte
Laune, weil wir Donnerstags / donnerstags lange geöffnet haben. Doch an
diesem Morgen / morgen nicht, da ich ständig an den Gestrigen / gestrigen
Abend / abend denken musste. Denn Gestern / gestern habe ich nämlich das
Entscheidende / entscheidende Fußballtor geschossen! Nun bin ich gespannt, wie
ich Nachher / nachher von den Anderen / anderen begrüßt werde. Ich denke,
meine Kollegen werden jubeln und mich die Nächsten / nächsten Wochen / wochen wie einen Star behandeln. Der Donnerstag / donnerstag wird mein Lieb-
lingstag.

PRAXISTIPP Nominalstil

Unter einem **Nominalstil** versteht man sprachliche Äußerungen, in denen
Substantivierungen (Nominalisierungen) im Vergleich zu anderen Wortarten
überwiegen. Der Nominalstil ist typisch für Nachrichten, Zeitungstexte oder
Fachtexte. Auch in Überschriften wird er häufig angewandt:
    Der Angeklagte wurde zu einer Bewährungsstrafe verurteilt.
    Alle freuten sich.
    Nominalstil: Die Verurteilung des Angeklagten zu einer Bewährungs-
    strafe wurde mit allgemeiner Freude aufgenommen.
    Überschrift: Allgemeine Freude über Verurteilung

Unter einem Verbalstil hingegen versteht man sprachliche Äußerungen, in denen
Verben überwiegen.

In Vorträgen, Protokollen oder Arbeitsberichten sollten Sie einen zu
starken Nominalstil vermeiden, weil dies die Lesbarkeit und Verständlichkeit
beeinträchtigt.

---

5 Überlegen Sie, ob die Adjektive und Verben groß- oder kleingeschrieben werden
müssen, und streichen Sie die falschen Schreibungen durch.

a) Wir wissen wenig neues / Neues.
b) Die guten / Guten Schüler lernen in der Berufsschule leicht, die schlechten /
   Schlechten tun sich dagegen schwer.
c) Alles moderne / Moderne ist unserem Chef zuwider.
d) Neben unwichtigen / Unwichtigen Dingen hat er auch allerlei interessantes /
   Interessantes in seiner Sammlung.

13

1 Groß- und Kleinschreibung

e) Es ist verboten, im Verkaufsraum zu schreien / ~~Schreien,~~ auch das
~~rauchen~~ / Rauchen ist nicht erlaubt.

f) Er wurde beim stehlen / ~~Stehlen~~ erwischt.

g) Ich bin sehr müde vom ~~arbeiten~~ / Arbeiten.

h) Dieses Lied meines Lieblingssängers ist sein neuestes / ~~Neuestes~~.

i) Der Gutachter hat nicht nur ~~gutes~~ / Gutes zu berichten.

j) Ich kann mich beim ~~basteln~~ / Basteln an meinem Roller gut entspannen.

---

6 Schreiben Sie in der richtigen Schreibweise.

a) Während der Ausbildung lieferten sich Felix und Markus ein

_____ (kopf an kopf rennen).

b) Das ständige _____ (sowohl als auch)

meiner Chefin in Diskussionen ärgert mich.

c) Um sich fit zu halten, läuft der Seniorchef täglich den

_____ (trimm dich pfad).

d) Im Urlaub genieße ich das _____

(auf der faulen haut liegen) sehr.

e) Dirks _____ (schau mir in die

augen kleines mascha) hat bei Inge keinen Erfolg.

f) Vor dem Abflug will ich noch in den _____

(duty free shop).

g) Zum _____ (in den april schicken)

fehlen mir meist die Ideen.

h) Hast du meinen _____

(make up entferner) gesehen?

1.1 Substantivierungen oder nicht? **1**

> **PRAXISTIPP** *angst, bange, gram, leid, pleite, schuld*
>
> Die Wörter *angst, bange, gram, leid, pleite, schuld* werden in der Verbindung mit den Verben *sein, bleiben* und *werden* kleingeschrieben. In Verbindungen mit anderen Verben schreibt man sie meist als Substantive groß.
> > Mir wird angst und bange. – Du machst mir Angst. Nur keine Bange.
> > Ich bin es leid. – Er hat ihr Leid zugefügt.
> > Bist du mir noch gram? – Sie starb vor Gram über diesen Verlust.
> > Du bist schuld. – Sie trifft / hat keine Schuld.
>
> *Außerdem:* Es wird ihm leidtun. Die Firma wird pleitegehen.

7 Welche Schreibung ist richtig?
Streichen Sie den falschen Buchstaben durch.

a) Miriam ist vor ihrem ersten Verkaufsgespräch a/Angst und b/Bange. *angst u. Bange*
b) Der Chef hat dem Abteilungsleiter u/Unrecht getan. *Unrecht*
c) Die Firma seines Vaters hat vor vier Jahren p/Pleite gemacht. *Pleite*
d) Du tust mir wirklich l/Leid. *leid*
e) Ein Tsunami in Südostasien forderte h/Hunderttausende von Todesopfern. *hunderttausende*
f) Der Lagerverwalter hatte ihm schon h/Hundertmal gesagt, dass er endlich *hundertmal* aufräumen müsse.
g) Die Berufsschule beginnt um a/Acht. *acht*
h) Der Zeiger nähert sich der e/Elf. *Elf*

8 Mal groß, mal klein! Setzen Sie die vorangestellten Wörter in die Leerstellen.

a) angst / Angst: Obwohl du mir __*Angst*__ machen willst, habe ich

keine __*Angst*__ .

b) beide / Beide: Hallo, ihr __*Beiden*__ . !!

c) dank / Dank: Ich bin dir zu großem __*Dank*__ verpflichtet, denn __*dank*__

deiner Aufmerksamkeit lebe ich noch.

d) paar / Paar: Ein __*Paar*__ Schuhe kostet nicht nur ein __*paar*__ Cent.

e) recht / Recht: Du hast kein __*Recht*__ dazu, immer __*recht*__ zu bekommen.

f) schuld / Schuld Du bist __*schuld*__ daran, dass ich meine __*Schuld*__ am Unfall

meiner Schwester nicht zugegeben habe.

1 Groß- und Kleinschreibung

g) bescheid / Bescheid: Sagen Sie _Bescheid_ , wenn Sie fertig sind!

h) dunkel / Dunkel: Da der Täter im _Dunkeln_ entkam, tappt die Polizei mit ihren Ermittlungen immer noch völlig im _Dunkeln_ .

i) wichtig / Wichtig, still / Still: Am _Wichtigsten_ ist es mir, ganz ruhig im _Stillen_ zu sitzen.

j) rein / Rein: Er schreibt die Rechnung ins _Reine_ .

---

9 Tragen Sie die Wörter in der richtigen Schreibweise in die Lücken ein.

Angst / angst?

a) Obwohl ich im Dunkeln _Angst_ habe, zwinge ich mich, abends noch aus dem Haus zu gehen.

Man muss seine _Angst_ besiegen!

Doch heute ist mir wirklich _angst_ , ich habe ein ungutes Gefühl. Ich denke, ich bleibe zu Hause!

Recht / recht?

b) Es ist mir sogar sehr _recht_ , dass du _Recht_ hast.

Da muss ich der Kollegin _recht_ geben.

PRAXISTIPP *recht / Recht und unrecht / Unrecht*

Klein- sowie großgeschrieben werden können *recht / Recht* und *unrecht / Unrecht* in Verbindungen mit Verben wie *behalten, bekommen, geben, haben, tun*, also beispielsweise:

Sie haben recht / Recht.
Wir behalten recht / Recht.
Ich gebe dir recht / Recht.
Die Konkurrenz hat recht / Recht bekommen.
Sie tun uns unrecht / Unrecht.

1.2 Sprach- und Farbbezeichnungen **1**

10 Schreiben Sie in der richtigen Schreibweise.

a) auf dem jour fixe haben wir unter anderem den betriebsausflug geplant.

b) jeder einzelne durfte einen vorschlag machen.

c) die meisten wollten kanu fahren.

d) nur wenige waren für das schwimmbad.

e) der chef sprach sich als einziger für das museum aus.

f) die anderen fanden das total langweilig.

g) den chef störte das nicht im geringsten.

h) alles weitere besprechen wir nächstes mal.

1.2 Sprach- und Farbbezeichnungen

11 Setzen Sie Groß- oder Kleinbuchstaben in die Leerstellen ein.

a) Die S chwarze Ampel zeigt gerade Grün.

b) Beeil dich, bei Rot musst du anhalten.

c) Seine Ohren wurden rot wie eine Laterne.

d) Unter Blauem Himmel sah man das erste Grün in der Landschaft.

e) Der rote Pullover passt gut zu deinen Schwarzen Haaren.

17

1 Groß- und Kleinschreibung

f) Frau Müllers Auto ist in Silber lackiert.

g) Das Garagentor ist gelb bemalt.

h) Der Lehrling hat zu viel Rot aufgetragen.

i) Ich habe meine Jeans grün gefärbt.

j) Mein Fahrrad ist blau, denn meine Lieblingsfarbe ist Blau.

k) Ich liebe allerdings auch Schwarz.

l) Nur graune Farbtöne mag ich gar nicht.

12 Groß oder klein? Setzen Sie die fehlenden Buchstaben bei den Sprach- und Farbbezeichnungen richtig ein.

a) Wenn die Ampel Rot ist, musst du stehen bleiben, bei Grün kannst du weiterfahren.

b) Wird das Gespräch auf Deutsch oder auf Englisch geführt werden?

c) Ich rede gerne englisch, mir macht das nichts aus.

d) Ich habe unser Haus ganz in Blau gehalten: Die Wände sind hellblau und die Böden dunkelblau.

e) Mein Fahrrad ist grün.

13 Entscheiden Sie über die Groß- oder Kleinschreibung und setzen Sie richtig ein.

a) Für diesen Job müssen Sie fließend englisch sprechen.

b) Hervorragendes Spanisch ist Voraussetzung für die Bewerbung.

c) Manchmal fehlen mir die Fachwörter auf Französisch.

d) Der Brief ist auf Deutsch geschrieben, Sie müssen ihn aber nicht ins Niederländische übersetzen.

e) Am besten drückt er sich doch in Deutsch aus, aber im Italienischen ist er auch sehr gut.

f) Wenn ich Deutsch sprechen kann, fühle ich mich am wohlsten.

g) Sein Englisch war schon immer gut, aber mit Französisch tut er sich schwer.

1.3 Feste Begriffe, Eigennamen, Titel

14 Ergänzen Sie die Sätze mit den angegebenen Titeln.

> „Eine kleine Nachtmusik" • „Der erste Ritter" •
> „Das fliegende Pferd" • „Der Glöckner von Notre-Dame" •
> „Der kleine Prinz" • „Die Räuber"

a) Karl Moor ist der Held aus den _____ von Friedrich Schiller.

b) Das ist der Beginn der _____ _____ von W. A. Mozart.

c) Die Zeichentrickverfilmung des _____ _____ _____

gefällt mir nicht.

d) Kennst du den _____ _____ von Saint-Exupéry?

e) Am _____ _____ von Marc Chagall fasziniert mich

besonders die blaue Farbe.

f) Gestern war ich im _____ _____. Ein toller Film!

15 Welche der Möglichkeiten sind richtig? Unterstreichen Sie.

a) Haben Sie schon mal von aristotelischer / ~~Aristotelischer~~ Logik gehört?

b) Das ist ja ein fast kafkaeskes / ~~Kafkaeskes~~ Verhalten.

c) Ich rede von der ~~luther'schen~~ / Luther'schen Bibelübersetzung.

d) An die luthersche / ~~Luthersche~~ Sprachgewalt kommt kaum eine andere

Übersetzung heran.

e) Das sind alles nur potemkinsche / ~~Potemkinsche~~ Dörfer.

f) Meine Kinder wollen die ~~grimm'schen~~ / Grimm'schen Märchen nicht lesen.

g) Das ist eine typische freudsche / ~~Freudsche~~ Fehlleistung.

h) Er behauptet allen Ernstes, die einsteinsche / ~~Einsteinsche~~ Relativitätstheorie

verstanden zu haben.

i) Ich mag die ~~schiller'schen~~ / Schiller'schen Gedichte am liebsten.

1 Groß- und Kleinschreibung

16 Wie schreibt man die Adjektive?
Setzen Sie große oder kleine Buchstaben ein.

a) das Kap der ___uten Hoffnung

b) das ___iener Schnitzel

c) der ___heingauer Wein

d) die ___ranzösische Revolution

e) Der ___eilige Gregor verehrt den ___eiligen Vater.

f) Der ___rste Mai bleibt Feiertag.

17 Schreiben Sie die Sätze in der richtigen Schreibweise ab.

gutes aus europa
der schweizer käse schmeckt mir am besten, obwohl der holländische gouda
auch nicht zu verachten ist. Belgische pralinen mag ich gerne, doch auch die
engländer können gute Süßwaren herstellen. Das bier in düsseldorf, das düssel-
dorfer alt, ist ebenso bekannt wie der italienische wein. Doch auch die franzosen
haben guten wein, vor allem aber sind die französischen croissants ein genuss zu
jedem frühstück.

1.4 Zahlwörter und Zeitangaben

18 Schreiben Sie die Zahlen in den Klammern als Wörter.

a) Die (13) _Dreizehn_ bringt oft Pech.

b) Ich kaufe (1/4) _ein_ _viertel_ Pfund Schinken.

c) Lassen Sie uns zusammen noch (1/4) _ein_ _Viertel_ trinken.

d) Daniel hat schon wieder eine (2) _Zwei_ geschrieben.

e) Das war jetzt schon das (3.) _dritte_ Gespräch.

f) Die Chefin kommt schon wieder (10) _zehn_ Minuten zu spät.

g) In Deutsch haben nur (3) _drei_ Schüler die (2) _Zwei_ im Zeugnis.

h) Wenn man (1 000 000) _eine Million_ in Ziffern

schreibt, hat sie (6) _sechs_ Nullen.

i) Viele (1000) _Tausend_ Kunden drängten in die Filiale.

j) Die Reparatur wird wieder (100e) _Hhunderte_ von Euro

kosten.

k) Mein Urlaub beginnt am (20.) _Zwansigsten_ des Monats.

l) Frau Müller wurde in ihrem (1.) _ersten_ Ausbildungsjahr gleich (3.)

Dritte von (8) _acht_ Azubis.

m) Die Kundin kommt um (11) _elf_ Uhr wieder.

PRAXISTIPP Zahlen

Als Wörter geschriebene Zahlen schreibt man **zusammen**, wenn sie kleiner als eine Million sind, ab einer Million schreibt man **getrennt** (↑ Praxistipp S. 31).

Die alte Regel, Zahlen von 1 bis 12 als Wort und die Zahlen von 13 an in Ziffern zu setzen, gilt heute nicht mehr, wird aber noch manchmal angewandt.

Telefonnummern erhalten jeweils ein Leerzeichen zwischen Landesvorwahl, Ortsnetzkennzahl und Einzelanschluss; die Durchwahl wird mit einem Mittestrich abgetrennt:
+49 621 3901-01 (international für Deutschland), 0172 123456 (mobil)

1 Groß- und Kleinschreibung

19 Setzen Sie Groß- oder Kleinbuchstaben in die Leerstellen ein.

a) Ich bin heute Morgen sehr müde.

b) Am Sonntag muss ich mich mal ausruhen.

c) Die heutige Mode ist meist von gestern.

d) Die Firma Schulze hat sich bis heute noch nicht gemeldet.

e) Eines Nachmittags war die Kasse plötzlich leer.

f) Der Chef arbeitet oft abends und manchmal auch spät in der Nacht.

g) Entweder Sie kommen am Montagabend, Dienstagmittag oder zur Not mittwochmorgens.

h) Am Morgen trinke ich nur Kaffee, zu Mittag esse ich einen Salat, aber nachts stopfe ich dann Süßigkeiten in mich rein.

i) Das ist die Agenda für Morgen.

j) Ich bleibe Sonntagmorgens am liebsten im Bett, erst gegen Mittag stehe ich dann auf.

1.5 Satzanfang und Anrede

20 Entscheiden Sie, ob man groß- oder kleinschreiben muss, und unterstreichen Sie die richtigen Wörter.

a) Ich fasse zusammen: ~~insgesamt~~ / Insgesamt haben wir ein erfolgreiches Jahr hinter uns.

b) Diagnose: eine / ~~Eine~~ verschleppte Grippe.

c) Schreiben Sie bitte mit: drei / ~~Drei~~ Linienhefte, zwei Karohefte, ein Schnellhefter.

d) Das Sprichwort lautet: ~~wer~~ / Wer andern eine Grube gräbt, fällt selbst hinein.

e) Seine Argumente klingen vernünftig: ~~ich~~ / Ich denke, wir entscheiden in seinem Sinne.

1.5 Satzanfang und Anrede **1**

f) Am Stadtrand und auf dem Umland: ~~überall~~ / Überall entstehen neue Einfamilienhäuser.

g) Familienstand: verheiratet / ~~Verheiratet~~

h) Es gibt nur eine Möglichkeit: schnellstens / ~~Schnellstens~~ anzurufen und sich zu entschuldigen.

i) Nach dem Arbeitsplatzwechsel hat er alles aufgegeben: das / ~~Das~~ Fußballtraining, die Clique, das Schachspiel.

PRAXISTIPP   Bewerbungsschreiben

Lesen Sie alle Ihre Unterlagen sorgfältig durch – und zwar nicht nur am Bildschirm, sondern auch in ausgedruckter Form. Lassen Sie Ihr Anschreiben, Ihren Lebenslauf, das Deckblatt und gegebenenfalls Zusatzseiten auch von anderen Personen auf Rechtschreib- und Grammatikfehler hin prüfen. Ziehen Sie in Zweifelsfällen ein Wörterbuch zurate.

Wichtig sind neben der Fehlerlosigkeit eine optisch ansprechende Aufbereitung sowie die Vollständigkeit und die richtige Reihenfolge der Unterlagen.

---

21 Entscheiden Sie über die richtige Schreibweise und unterstreichen Sie die richtigen Wörter.

Liebe Laura,

stell ~~dir~~ / Dir vor: ~~letzten~~ / Letzten Monat habe ich mich das erste ~~mal~~ / Mal beworben und bin schon zum Vorstellungsgespräch eingeladen. Kannst ~~du~~ / Du ~~dir~~ / Dir denken, wie aufgeregt ich bin? Ich überlege seit Tagen, was ich anziehen soll – was / ~~Was~~ meinst ~~du~~ / Du? Und wie dann wohl das Interview wird? Die Sekretärin am Telefon war total nett und hat zu mir gesagt: „~~regen~~ / Regen ~~sie~~ / Sie sich bloß nicht zu sehr auf; bei uns sind alle sehr nett."

Mal schaun, was das gibt. Ich halte ~~dich~~ / Dich auf dem laufenden / ~~Laufenden~~. Drück mir mal die Daumen.

Bis bald, alles ~~gute~~ / Gute

Deine / ~~deine~~ Anna

23

1 Groß- und Kleinschreibung

22 Streichen Sie die falschen Wörter durch.

Sehr geehrte Damen und Herren,
in / In der „süddeutschen / Süddeutschen Zeitung" vom 9. Februar 2008 bin ich
auf ihre / Ihre Stellenanzeige gestoßen. Ich kann mir / Mir vorstellen, dass die
Arbeit bei ihnen / Ihnen anspruchsvoll ist und zugleich Spaß macht. Daher
bewerbe ich mich / Mich als Allround-Bürokraft in ihrer / Ihrer Kanzlei. [...]
Die Stelle könnte ich gleich am 1. März antreten, da mein jetziger Arbeitsvertrag
als Schwangerschaftsvertretung befristet ist und die entsprechende Kollegin am
Ende dieses Monats aus ihrer / Ihrer Elternzeit zurückkehrt.
Ich bin gespannt, von ihnen / Ihnen zu hören, und freue mich / Mich, wenn Sie
mich / Mich zu einem Vorstellungsgespräch einladen.
Mit freundlichen Grüßen
Luisa Schöneborn

PRAXISTIPP **Bewerbung: Anschrift und Anrede**

„An" und „Zu Händen" oder „Z. Hd." ist heute nicht mehr üblich, nur bei Behörden
ist „An (das Finanzamt)" noch zu finden. Wenn Sie an eine bestimmte Person
schreiben, kommt der Name nach der Firma oder Behörde und steht im Akkusativ,
es heißt also „Herrn" statt „Herr".

Ein **Doktortitel** wird abgekürzt und immer mit dem Namen verbunden. (Schreibt
man an mehrere Menschen mit Doktortitel, benutzt man die Abkürzung „Dres.")
Eine Leerzeile vor dem Ort ist nicht mehr vorgesehen.

Herrn	Add-on-Werbeagentur
Dr. Max Bergmann	Herrn Dr. Max Bergmann
Rheinufer 12	Rheinufer 12
65123 Wiesbaden	65123 Wiesbaden

Dres. A. Schmidt und M. Müller
Rechtsanwälte
Seeblick 12
82211 Herrsching

In der Anrede wird der Doktortitel ebenfalls abgekürzt (Sehr geehrte Frau
Dr. Müller).

Verwenden Sie, wenn irgend möglich, eine persönliche Anrede im Anschreiben.
Ist Ihr Ansprechpartner in der Stellenanzeige nicht mit Namen genannt, können
Sie versuchen, den Namen des oder der zuständigen Personalverantwortlichen
zum Beispiel durch ein Telefonat mit der Zentrale herauszufinden.

2 Getrennt- und Zusammenschreibung

Wortgruppen schreibt man grundsätzlich getrennt, **Wortzusammensetzungen** jedoch zusammen. Eine Unterscheidung ist aber nicht immer leicht. Die folgenden Regeln helfen Ihnen bei der richtigen Schreibung.

Wortgruppe:
da sein, baden gehen, Auto fahren

Wortzusammensetzung:
Gartenzaun, Fahrradklingel, hellgrün, zusammenschreiben

Verben

Zusammengesetzte Verben unterteilt man in trennbare und untrennbare Zusammensetzungen:
■ Trennbare Zusammensetzungen können im Satz getrennt stehen. Nur im Infinitiv (Grundform des Verbs), Partizip (Präsens / Perfekt) oder bei Endstellung im Nebensatz werden sie zusammengeschrieben.
■ Untrennbare Zusammensetzungen werden in allen konjugierten Formen zusammengeschrieben.

Trennbare Zusammensetzungen:
aufgehen: die aufgehende Sonne – die Sonne ist aufgegangen – ... bis die Sonne aufgeht.
Aber: Die Sonne geht auf.

Untrennbare Zusammensetzungen:
durchqueren, handhaben, langweilen, schlussfolgern, wetteifern

Verbindungen von **Verb + Verb** schreibt man in der Regel getrennt.

kassieren lernen, spazieren gehen, arbeiten wollen

Ausnahme: Das Verb *kennenlernen* darf man getrennt und zusammenschreiben.

kennenlernen / kennen lernen

Achtung: Verbindungen von **Verb +** *bleiben* oder *lassen* kann man getrennt oder zusammenschreiben, wenn die Verbindung eine eigene (übertragene) Bedeutung hat.

liegen bleiben / liegenblieben (unerledigt bleiben) – aber nur: liegen bleiben (im Bett)

Verbindungen mit dem Verb *sein* werden prinzipiell getrennt geschrieben.

da sein, beisammen sein, sein lassen

Auch **Partizip + Verb** werden in der Regel getrennt geschrieben.

getrennt schreiben, verloren gehen

2 Getrennt- und Zusammenschreibung

Verbindungen von **Adverb + Verb** werden meistens zusammengeschrieben. Entscheidend ist dabei in der Regel, wo die Betonung liegt:
■ Wird der erste Bestandteil betont, schreibt man **zusammen**.

abwärtsfließen, aufeinanderlegen, wiederkommen (zurückkommen)

■ Wird (auch) der zweite Bestandteil betont, schreibt man **getrennt**.

rückwärts einparken, übereinander stolpern

Zusammengeschrieben werden auch Verbindungen mit Bestandteilen, die heute oft nicht mehr als freie Wörter vorkommen oder in der Verbindung mit dem Verb keiner bestimmten Wortart zugeordnet werden können.

abhandenkommen, anheimstellen, hintanstellen, innehalten, überhandnehmen

fehlgehen, feilbieten, heimsuchen, kundtun, weismachen, wetteifern

Verbindungen von **Substantiv + Verb** schreibt man **getrennt**, wenn das Substantiv als eigenständig angesehen wird.

Auto fahren, Kartoffeln schälen, Klavier spielen, Schlange stehen, Schlittschuh laufen

Verbindungen von **Substantiv + Verb** schreibt man **zusammen**, wenn das Substantiv verblasst, d. h. als solches hier kaum mehr erkennbar ist.

eislaufen (ich laufe eis), heimfahren (sie fährt heim), irreführen (er führt irre), kopfstehen (wir stehen kopf), teilnehmen (ihr nehmt teil)

Verbindungen von **Adjektiv + Verb** schreibt man zusammen, wenn durch die Verbindung eine neue Gesamtbedeutung entsteht.
Ist dies nicht der Fall, schreibt man getrennt, das ist der Normalfall.

krankschreiben, kürzertreten, heiligsprechen

schnell sprechen, laut lachen

Wenn man nicht genau entscheiden kann, ob eine neue Gesamtbedeutung vorliegt, kann man getrennt oder zusammenschreiben.

(etwas) gering achten / geringachten, (sich über etwas) klar werden / klarwerden, (eine Woche) freibekommen / frei bekommen

Bezeichnet das Adjektiv das **Resultat des Vorgangs**, der mit dem Verb bzw. der Verbverbindung beschrieben wird, kann ebenfalls getrennt oder zusammengeschrieben werden.

glatt hobeln / glatthobeln, klein schneiden / kleinschneiden, kaputt machen / kaputtmachen blau färben / blaufärben

2 Getrennt- und Zusammenschreibung

Adjektive und Partizipien

Zusammen schreibt man zusammengesetzte Adjektive,
- wenn der erste Bestandteil die **Bedeutung vermindert oder verstärkt,**
- wenn einer der beiden Bestandteile **nicht allein vorkommen** kann.

bitterkalt, brandaktuell, superklug, stocktaub, hellgelb, totenstill

großspurig, letztmalig, vieldeutig

Verbindungen von *nicht* mit Adjektiven / Partizipien können **getrennt** oder **zusammengeschrieben** werden.

nicht öffentlich / nichtöffentlich, nicht rostend / nichtrostend

Eine Verbindung aus **Substantiv + Partizip** (oder auch Substantiv + Adjektiv) schreibt man **zusammen,** wenn sie anstelle einer Wortgruppe steht und dabei ein Artikel oder eine Präposition eingespart wird oder wenn das Substantiv in dieser Form nicht selbstständig vorkommt.

freudestrahlend = vor Freude strahlend
herzerquickend = das Herz erquickend
staubtrocken = trocken wie Staub

friedliebend, nutzbringend
(„fried" oder „nutz" gibt es nicht)

Ebenfalls zusammen schreibt man Substantiv + Partizip, wenn die zugrunde liegende Verbindung aus Substantiv + Verb zusammengeschrieben wird.

teilnehmend, heimgefahren, irreführend, wettgemacht

Achtung: Wird die zugrunde liegende Verbindung aus Substantiv und Verb getrennt geschrieben, darf man sowohl getrennt als auch zusammenschreiben.

Eisen verarbeitend / eisenverarbeitend, Erholung suchend / erholungsuchend, Not leidend / notleidend

Präposition + Substantiv

Eine Verbindung aus **Präposition + Substantiv** schreibt man **zusammen,** wenn das Substantiv **verblasst** und die Verbindung zu einer **neuen Präposition bzw. einem Adverb** geworden ist.

anhand, infolge, inmitten, zufolge

Viele häufig gebrauchte Verbindungen aus Präposition und Substantiv kann man **zusammen- oder getrennt** schreiben.

anstelle / an Stelle, aufgrund / auf Grund, infrage / in Frage (stellen), instand / in Stand (setzen), mithilfe / mit Hilfe, zugunsten / zu Gunsten, zulasten / zu Lasten, zuleide / zu Leide (tun)

2 Getrennt- und Zusammenschreibung

Bindestrich

Ein Bindestrich verbindet Wörter miteinander, gliedert unübersichtliche Zusammensetzungen und verbessert so die Lesbarkeit.

Spaghetti-Esser, See-Elefant, O-Beine

In folgenden Fällen werden Bindestriche gesetzt:

■ Zusammensetzungen mit **Ziffern**,

■ Zusammensetzungen mit **Einzelbuchstaben**,

■ Zusammensetzungen mit **Abkürzungen und Kurzwörtern**.

1-zeilig, 18-jährig, 21-Jährige, 2:1-Sieg, 4-monatlich, 5-Eck, 3-mal
A-Dur, i-Punkt, S-Kurve, T-Shirt, x-beliebig, Dativ-e
Dipl.-Ing., D-Zug, Musik-CD, Kfz-Papiere, Lkw-Fahrer, Fußball-WM

Bei **mehrgliedrigen Zusammensetzungen** mit Einzelbuchstaben, Ziffern oder Abkürzungen stehen zwischen allen Bestandteilen Bindestriche.

A-Dur-Tonleiter, der S-Bahn-Wagen, 1000-Jahr-Feier, 10-Euro-Schein, Vitamin-B-haltig

Wird eine Ziffer oder eine Abkürzung mit einem **Suffix** (Nachsilbe) verbunden, dann steht **kein Bindestrich**.

ein 68er, ein 20stel, CDUler

Die einzelnen Teile von **nominalen Aneinanderreihungen** (↑ Kap. 1) und **zusammengesetzten Wortgruppen** werden mit Bindestrichen verbunden.

das In-den-April-Schicken, die Sturm-und-Drang-Jahre, 55-Cent-Briefmarke, 100-m-Lauf

Ein Bindestrich **kann gesetzt werden**:
■ bei **unübersichtlichen Zusammensetzungen** und
■ beim Zusammentreffen von **drei gleichen** Buchstaben.

Arbeiter-Unfallversicherung / Arbeiterunfallversicherung
Kaffee-Ernte / Kaffeeernte
Schlammmasse / Schlamm-Masse

Zum Hervorheben einzelner Wörter kann ebenfalls ein Bindestrich verwendet werden.

Icherzähler / Ich-Erzähler
Sollstärke / Soll-Stärke

Der **Ergänzungsbindestrich** steht, wenn in Zusammensetzungen ein gleicher Bestandteil nur einmal genannt wird.

Groß- und Kleinschreibung
Hin- und Rückfahrt
Geld- und andere Sorgen

2.1 Grundsätzliches

1 Setzen Sie richtig ein: *soweit* oder *so weit*?

a) _So weit_ die Füße tragen.

b) _Soweit_ die Abmachung im Vertrag steht, muss sie auch eingehalten

werden.

c) _Soweit_ ich weiß, ist das Geschäft morgen geschlossen.

d) Wenn ich gewusst hätte, dass der Weg zur Dependance _so weit_ ist,

wäre ich mit dem Zug gefahren.

PRAXISTIPP Konjunktionen und Wortgruppen

Konjunktionen (Bindewörter) werden zusammengeschrieben, auch wenn es gleichlautende Wortgruppen mit eigener Bedeutung gibt. Das betrifft zum Beispiel: *sobald, sofern, sooft, soviel, soweit, nachdem, seitdem, indem.*

Die Konjunktion *soweit* etwa bedeutet „in dem Maße wie"; die Wortgruppe *so weit* bedeutet „bis hierhin".

Konjunktionen:	**Soweit** ich mich erinnere.
	Sobald ich Zeit habe, erledige ich das.
	Nachdem er den Job hatte, blühte er richtig auf.
Eigenständige Wörter:	Wir expandieren **so weit** wie möglich.
	Das sollten Sie **so bald** wie möglich erledigen.
Präposition + Artikel:	**Nach dem** Gespräch ging es ihm besser.

---

2 Setzen Sie die passenden Wörter in der richtigen Schreibweise ein.

nach dem • nachdem • seit dem • seitdem • in dem • indem

Seitdem wir eine neue Chefin haben, geht es wieder aufwärts, denn

wir arbeiten sehr viel, entspannen uns aber _nach dem_ eigentlichen

Arbeitstag noch _in dem_ Café nebenan. Wir verbessern dabei

unseren Gemeinsinn, _indem_ wir uns besser austauschen.

2 Getrennt- und Zusammenschreibung

Nachdem das Plaudern beendet ist, gehen wir nach Hause. Allerdings fühlte sich Frau Schulze _____ letzten Treffen nicht mehr ganz fit. Sie ging sogar _nach dem_ Essen sofort schlafen und war _seit dem_ letzten Mal nicht mehr im Büro. Gestern kam sie _____ Auto ihres Mannes. Er will sie unterstützen, _____ er sie fährt. Manche Kollegen sind der Meinung, _seit dem_ wir so hart arbeiten, sei sie immer wieder krank. Ich allerdings denke, _____ wir auch gemeinsam etwas unternehmen, bleiben wir fit.

> **PRAXISTIPP** | **Schreibung von Verbindungen mit _zu_**
>
> Für die Getrennt- und Zusammenschreibung bei _zu_ gilt:
>
> ■ Man schreibt zusammen, wenn _zu_ betont wird, z. B.:
>   Der Teich wird zufrieren.
>   Die Post wird ihm die Ware zusenden.
>
> ■ Man schreibt getrennt, wenn _zu_ nicht betont wird, z. B.:
>   Sie hasst es zu frieren.
>   Der Radiosender hört auf zu senden.

---

3 **Setzen Sie ein und formen Sie bei Bedarf um.**

a) Vom Wind könnte die Tür _____ (zu schlagen / zuschlagen).

b) Könnten Sie bitte die Vorhänge während der Präsentation _____ (zu ziehen / zuziehen).

c) Ich werde versuchen, die Provision gerecht _____ (zu teilen / zuteilen).

d) Vielen Kunden fällt es schwer, dem Berater immer nur _____ (zu hören / zuhören).

e) Bei diesem Wetter wird der Teich bestimmt bald _____ (zu frieren / zufrieren).

2.1 Grundsätzliches | 2

f) Ich bitte Sie, mir die Unterlagen _____ (zu senden / zusenden).

g) Es ist nicht immer einfach, seine Schuld _____ (zu geben / zugeben).

h) Beim Tennis macht es keinen Sinn, allein _____ (zu spielen / zuspie-

len), man muss sich _____ (zu spielen / zuspielen).

i) Jeden Wasserhahn sollte man fest _____ (zu drehen / zudrehen).

j) Denken Sie daran, den Brief gut _____ (zu kleben / zukleben).

k) Bei meiner Kollegin muss ich manchmal beide Augen _____

(zu drücken / zudrücken).

l) Nach dem Trinken sollte man eine Flasche immer _____

(zu machen / zumachen).

m) Die Ladentür muss man unbedingt _____ (zu schließen /

zuschließen).

---

4 Schreiben Sie die Zahlen als Wörter. Entscheiden Sie dabei, ob sie getrennt oder zusammengeschrieben werden.

> 10 000 000 • 53 • 999 998 • 1 000 001 • 555 000

_____

_____

_____

_____

_____

_____

PRAXISTIPP   **Schreibweise von Zahlen**

Als Wörter geschriebene Zahlen schreibt man zusammen, wenn sie kleiner als eine Million sind:

neunzehnhundertneunundneunzig – zweitausendzehn – achteinhalb

Ab einer Million schreibt man als Wörter geschriebene Zahlen getrennt:

eine Million, zwei Millionen

zehn Millionen sechshunderttausend

2 Getrennt- und Zusammenschreibung

2.2 Verben

5 Zusammen oder getrennt? Achten Sie auf den Kontext und beschreiben Sie kurz,
ob es sich um einen festen Begriff handelt.

a) gut + schreiben: Sie haben Ihre Abschlussprüfung _gut geschrieben_.

Kontext: _Kein fester Begriff – getrennt._

b) gut + schreiben: Sie können mir den Betrag _gutschreiben_.

Kontext: _fester Begriff / neue gesamt Bedeutung_

c) hoch + rechnen: Wir werden die Bilanzen zunächst _hochrechnen_.

Kontext: _____

d) tot + schlagen: Wir werden die Zeit wohl _totschlagen_ müssen.

Kontext: _____

e) groß + schreiben: Man kann es nicht sehen, Sie sollten _groß schreiben_

Kontext: _____

f) leicht verstehen: Das Fachbuch kann man _leicht verstehen_.

Kontext: _____

g) klein + schreiben: Verben muss man _klein schreiben_.

Kontext: _____

h) wahr + sagen: Die Frau dort behauptet, sie könne _wahrsagen_.

Kontext: _____

6 Welcher Infinitiv passt zu welchem anderen Verb? Verbinden Sie.

sitzen	lassen	_____
spazieren	lassen	_____
fallen	gehen	_____
stecken	bleiben	_____

32

2.2 Verben 2

7 Setzen Sie die passenden Wörter in der richtigen Schreibweise ein.

> heim + kommen • irre + führen • stand + halten •
> statt + geben • teil + haben • wett + machen

a) Wenn ich von der Arbeit _komme_ (Heim heimkomme), bin ich meistens erst einmal todmüde.

b) Ich kann es nicht leiden, wenn man mich _irre führen_ will. irreführen

c) Das kann die Konkurrenz wohl kaum wieder _wett machen_. wettmachen

d) Und ich sage dir, ich werde dem _standhalten_.

e) Der Richter wird unserem Einspruch hoffentlich _statt geben_. Stattgeben

f) Lassen Sie mich bitte an Ihren Gedanken _teilhaben_?

8 Nehmen Sie jeweils einen Begriff aus dem linken Wortspeicher und verbinden
Sie ihn mit dem dazugehörigen Begriff aus dem rechten Wortspeicher.
Achten Sie auf die richtige Getrennt- bzw. Zusammenschreibung!

> Not • Handel • zunichte •
> abhanden • aufeinander •
> rückwärts • hin • froh • teil

> machen • nehmen • locken •
> leiden • treiben • schauen •
> fahren • prallen • kommen

Notleiden / Not leiden

Handel treiben

zunichtemachen / zunichte machen

abhandenkommen / abhanden kommen

aufeinanderprallen

rückwärtsfahren

hinnehmen / hinlocken

frohlocken

hinnehmen / hinschauen

2 Getrennt- und Zusammenschreibung

9 Manche Wortverbindungen haben je nach Schreibweise unterschiedliche Bedeutungen. Finden Sie jeweils einen Beispielsatz, in dem man die Wortgruppe getrennt schreibt, sowie einen, in dem man sie als Wortzusammensetzung zusammenschreibt.

a) sicher / gehen: _Meine kleine Nichte kann seit wenigen Wochen sicher gehen. In dieser Sache will ich sichergehen._

b) wieder / holen: _Wir alle müssen den Kurs wiederholen. Der Hund soll den Ball wieder hol_

c) um / fahren: _Wir umfahren die Stadt. Du hast die Person um gefahre_

d) gut / schreiben: _Das Geld meinem Konto gutschreiben. Meine Tochter kann gut schreiben._

e) frei / halten: _Können Sie mir den Platz frei halten_

f) frei / machen: _Kann ich morgen freimachen?_

g) zusammen / fahren: _Von A nach B zusammen fahren. Du hast mir den Platz gerade frei gemacht._

h) klein / schreiben: _Verben muss man kleinschreiben. Du musst etwas kleiner schreiben_

PRAXISTIPP Vorsilbe *wieder-* oder *wider-*

Verben mit der Vorsilbe *wieder-* werden entweder getrennt oder zusammengeschrieben. Zusammenschreibung gilt vor allem, wenn *wieder* in der Bedeutung von „zurück" verstanden wird, Getrenntschreibung ist anzuwenden, wenn *wieder* als *nochmals, erneut* verstanden wird:

> wiederkommen – wiedergewinnen
> wieder einsetzen – wieder versuchen

Die Vorsilbe *wider-* hat die Bedeutung von „gegen". Verbindungen mit *wider-* werden immer zusammengeschrieben:

> widersprechen – widersetzen

2.2   Verben   **2**

10 Lesen Sie die Sätze laut und betonen Sie die hervorgehobenen Buchstaben.
Ordnen Sie die Verben in die nachfolgende Tabelle ein.

a)   Diesen Börseneinbruch konnte niemand vorhersagen.
b)   Wenn Sie keine Zeit haben, sollten Sie es mir vorher sagen.
c)   Wir sollten die Verantwortung zusammen tragen.
d)   Für unser Archiv müssen wir viele Zeitungsausschnitte zusammentragen.
e)   Vor dem Fällen muss man den Baum festbinden.
f)   Dazu muss er die Schleife fest binden.
g)   Der Richter muss die Angeklagte freisprechen.
h)   Beim Vortragen eines Referats sollte man frei sprechen.
i)   Ich lasse Ihnen die Zinsen gutschreiben.
j)   Als Ghostwriter müssen Sie gut schreiben können.

Zusammenschreibung: eine Betonung, keine Sprechpause	Getrenntschreibung: zwei Betonungen, Sprechpause

11 Bilden Sie aus jeweils einem Substantiv und einem Verb eine Wortverbindung
und schreiben Sie sie richtig (getrennt oder zusammen?) auf. Bilden Sie anschlie-
ßend je zwei Sätze damit und schreiben Sie diese in ein Übungsheft.

Rad	finden	_____
Teil	laufen	_____
Angst	fahren	_____
Schlittschuh	haben	_____
Wette	nehmen	_____
Heim	machen	_____

2 Getrennt- und Zusammenschreibung

12 Im folgenden Text sind alle Wörter kleingeschrieben. Außerdem hängen alle Buchstaben aneinander. Trennen Sie zunächst den Text durch Schrägstriche, die die Wörter voneinander trennen.
Schreiben Sie dann den Text neu ins Übungsheft.

Schnapsdrosseln

einegroßeanzahlvondrosselnmachteineinerkleinenstadtinkalifornienauf sichaufmerksam. einanwohner, dergeradeseinengeburtstagfeierte, dachte, eshandlesichumeinengeburtstagsscherz, beidemihmfreundesingend gratulierenwollten. alsersichlobendbedankenwollte, bemerkteer, dass draußenniemandwar. ersahjedocheinegroßeanzahldrosseln, diesingen dumherflogen. dasschauspielwolltenichtenden, dergesangbegannsich zumlärmzusteigern. bevorerfastrasendwurde, stürzteerausdemhaus. erwollteeinpaarderschreihälsegefangennehmen, wasihmauchteilweisege lang. ermusstefeststellen, dassdasverhaltendertieresehrungewöhnlichwar. nacheinerhalbenstundewardergesangverstummt. zuseinemerstaunen lagenfastallevögelaufdemboden.
esstelltesichschließlichheraus, dassdasverhaltendertiereauftrunkenheitzu rückzuführenwar. siehattengegorenebeerenimgartendesgeburtstagskin desverzehrt.

13 In diesem Text über die betrunkenen Singvögel kommen fünf Wortverbindungen vor, die aus einem Partizip und einem Verb bestehen. Welche sind dies?

a) _____

b) _____

c) _____

d) _____

e) _____

2.2 Verben **2**

14 Entscheiden Sie in den folgenden Fällen, ob die Wortverbindung aus Adjektiv und Verb getrennt oder zusammengeschrieben werden muss. Streichen Sie die falsche Schreibweise durch.

a) Bei uns wird Teamgeist groß geschrieben / ~~großgeschrieben~~.
b) Mein Chef hat die Anweisungen extra so groß geschrieben / ~~großgeschrieben~~, damit man sie gut lesen kann.
c) Wenn man im Meeting eine Präsentation hält, sollte man möglichst ~~frei sprechen~~ / freisprechen. *frei sprechen*
d) Man wird ihn vom Vorwurf der Korruption ~~frei sprechen~~ / freisprechen. *freisprechen*

15 Getrennt oder zusammen? Erklären Sie die Bedeutungsunterschiede.

a) gut schreiben – gutschreiben: _____
_____
_____

b) frei machen – freimachen: _____
_____
_____

c) zusammen fahren – zusammenfahren: _____
_____
_____

16 Bilden Sie Wortverbindungen aus Partizip und Verb, indem Sie die Verben den Partizipien zuordnen.

gehen • halten • leben • werden • bekommen • erwähnen

gestört	_____	geschenkt	_____
getrennt	_____	verloren	_____
gefangen	_____	lobend	_____

37

2 Getrennt- und Zusammenschreibung

17 Finden Sie zu den Verben im Wortspeicher die möglichen Verbindungen mit *bleiben* und *lassen* – wie sind diese zu schreiben: getrennt oder zusammen?

> gehen • kommen • liegen • stehen • sitzen • steigen

2.3 Adjektive und Partizipien

18 Setzen Sie die Verbindungen aus Substantiv und Partizip in die Schlagzeilen ein.

> Asyl + suchend • Aufsicht + führend •
> Furcht + einflößend • Handel + treibend

a) Ein _____ Afrikaner wurde vom Grenzschutz abgeschoben.

b) Eine _____ Gestalt trat aus dem Dunkel.

c) Der _____ Lagerarbeiter schaute kurz nicht hin.

d) Eine _____ Firma wurde wegen Betrugs verurteilt.

PRAXISTIPP **Zusammenschreibung**

Verbindungen mit *irgend-* schreibt man prinzipiell zusammen:
irgendwer, irgendwo, irgendjemand.

Das gilt auch für *umso* in folgendem Kontext:
umso mehr, umso lieber.

2.3 Adjektive und Partizipien 2

19 Setzen Sie die Adjektive passend zusammen, indem Sie die Wortteile verbinden. Schreiben Sie sie dann richtig auf.

klein • urlaubs • freude • finger • dunkel • herzens • liebes • lichter • feucht	reif • loh • fröhlich • braun • gut • strahlend • toll • mütig • breit

20 Entscheiden Sie, ob die Wortverbindung aus Substantiv und Partizip getrennt oder zusammengeschrieben werden muss, und füllen Sie die Lücken entsprechend aus.

a) Der Beförderte nahm _____ (Freude + strahlend) die

Urkunde entgegen.

b) Die _____ (Geheimnis + umwittert) Schlösser und

Seen in den schottischen Highlands wirken sehr gut in unseren neuen Katalogen.

c) Die _____ (Mond + beschienen) Landschaft macht

sich im Prospekt nicht so gut.

d) Der neue Geschäftsführer dachte _____ (Angst + erfüllt)

an den langen Flug.

39

2   Getrennt- und Zusammenschreibung

2.4 Substantiv + Präposition

21 Bilden Sie mit den vorgegebenen Wortteilen und den Präpositionen *an, auf, mit, zu* oder *in* neue Präpositionen und schreiben Sie sie in das unten stehende Feld. Wo Sie getrennt schreiben können, unterstreichen Sie.

-hand • -frage • -tage • -stelle • -grund • -teil • -wege •
-hilfe • -hauf • -mitten • -leide • -seiten • -gunsten

_____   _____

_____   _____

_____   _____

_____   _____

_____   _____

_____   _____

_____   _____

22 Entscheiden Sie, ob die in der Klammer stehenden Wörter (Präposition + Substantiv) zusammen- oder getrennt geschrieben werden. Falls Sie unsicher sind, können Sie in einem Wörterbuch nachsehen.

a) _____ (an / Fasching) sollte man wenigstens eine Pappnase

tragen, _____ (an / Statt) Trübsal zu blasen.

b) Dem Schriftsteller _____ (zu / Folge) grenzte die Aussage

seines Kritikers _____ (an / Schwachsinn).

c) Sie wird _____ (in / Folge) ihrer guten Leistungen nach der

Ausbildung übernommen.

d) _____ (im / Grund) hatte sie recht, aber der Kollegin

_____ (zu / Liebe) gab sie nach.

e) _____ (zur / Zeit) komme ich einfach nicht _____

_____ (zur / Ruhe).

40

2.5 Schreibung mit Bindestrich

23 Mit oder ohne Bindestrich? Setzen Sie ihn, falls nötig.

a) Mein Ausbilder gehört zur Generation der 68___er. *ohne*

b) 0,02 Liter sind auch ein 50___stel Liter. *ohne*

c) Das ist 100%___ig richtig.

d) Da vorne kommt eine S — Kurve.

e) Hier kostet es das 25 — Fache / 25 — fache.

f) Dies ist ein klarer 6:3 — Sieg.

24 *Stadt-Teilladen* oder *Stadtteil-Laden*? Setzen Sie den Bindestrich an zwei unterschiedliche Stellen und erklären Sie die Bedeutung des jeweiligen Wortes.

a) a) Stadtteilreinigung:

(1) Stadt-Teilreinigung: Teilreinigung (nicht die ganze Reinigung) der Stadt

(2) Stadtteil-Reinigung: Reinigung in einem Stadteil)

b) Mehrzweckküchenmaschine:

(1) Mehrzweck-Küchenmaschine

(2) Mehrzweckküche-Maschine

c) Musikerleben:

(1) Musiker-Leben (Leben eines Musikers)

(2) Musik-Erleben (Begeisterung von Musik)

d) Druckerzeugnis:

(1) Drucker-Zeugnis (Qualität des Druckers)

(2) Druck-Erzeugnis (Ergebnis des Druckens

e) Altbauerhaltung:

(1) Altbau-Erhaltung

(2) Altbauer-Haltung

2 Getrennt- und Zusammenschreibung

25 Berichtigen Sie die folgenden Straßenschilder.

Schiller-Platz: _____

auf-dem-Sand: _____

Wienerstraße: _____

An Der Alten Mühle: _____

Sperlings Gasse: _____

Wald Park: _____

Augusta – Anlage: _____

Thomas Mann Allee: _____

PRAXISTIPP **Schreibung von Straßennamen u. Ä.**

Man schreibt zusammen, wenn
- das erste Wort (Bestimmungswort) unverändert ist:
  Schillerstraße, Neumarkt, Hochstraße;
- aus Gründen des besseren Klanges ein *n, s* oder *en* eingeschoben ist:
  Sperlingsgasse.

Man schreibt getrennt, wenn
- das erste Wort (Bestimmungswort) verändert ist:
  Mannheimer Straße, Hohle Gasse;
- Straßennamen mit Präpositionen gebildet werden:
  Am Neuen Markt.

Man schreibt mit Bindestrich, wenn das Bestimmungswort mehrteilig ist:
  Max-Weber-Platz, Niklas-Anzlinger-Allee.

---

26 Das zweite Wort nach dem Ergänzungsbindestrich fehlt. Ergänzen Sie.

a) Balkon- und _____

b) der Ein- und _____

c) Kastanien- und _____

d) Mathe- und _____

e) Privat- und _____

3 Dehnung und Schärfung

Ob ein Vokal (Selbstlaut) kurz oder lang gesprochen wird, kann man oft am Schriftbild erkennen. Die Kennzeichnung eines **kurzen Vokals** bezeichnet man als **Schärfung**, die eines **langen Vokals** als **Dehnung**.

Kurzer Vokal: Kante, Kinn

Langer Vokal: Kahn, Knie

Dehnung

Für die Kennzeichnung von lang gesprochenen Vokalen gibt es verschiedene Möglichkeiten:

■ **Dehnungs-*h*:** auf den Vokal folgt der Buchstabe *h*,

lehren, Ruhm, Sohn, Höhle, zahm

■ **Doppelvokal:** *aa, ee, oo;* Umlaute allerdings werden nicht verdoppelt,

Seele, Moos, Saal (*Aber:* Säle)

■ **Dehnungs-*e*:** einem langen *i* folgt häufig ein Dehnungs-*e*, auch in Fremdwörtern, die mit einem langen *i* enden.
In seltenen Fällen gibt es ein Dehnungs-*e* auch nach einem *o*, etwa in einigen geografischen Namen.

siegen, Stiefel, ich blieb

Genie, Lotterie, Biologie

Soest, Itzehoe, Oldesloe

Achtung: Oft steht ein langer Vokal auch ohne Dehnungszeichen.
Meist steht kein Dehnungszeichen
■ bei Wörtern mit *t* im Anlaut,
■ bei Wörtern mit *sch* und *qu* im Anlaut,
■ bei Diphthongen *(ai, ei, au, eu, äu),*
■ bei Vorsilben und Nachsilben *(ur-, bar, -lich, -sal, -sam, -tum* usw.).

Rose, Lügen, Krone, Hase, Segen

Tal, Tiger, Tür, tun, Tugend
Schwan, schwer, Schule, Schal; Qual, quer

Hai, Kreide, Laub, Scheune, Mäuse
uralt, wunderbar, unglaublich, Schicksal, wachsam, Altertum

3 Dehnung und Schärfung

Schärfung

Für die Kennzeichnung von kurz gesprochenen Vokalen gibt es die beiden folgenden Möglichkeiten:

■ **Verdoppelung des nachfolgenden Konsonanten,** dazu zählen auch *ck* und *tz.*
(Früher schrieb man *kk* statt *ck* und *zz* statt *tz.* Heute schreibt man nach einem kurz gesprochenen Vokal *ck* statt *kk* und *tz* statt *zz.* Ausnahmen sind Fremdwörter wie *Sakko* und *Mokka* oder *Pizza.*)

Ebbe, Bett, hoffen, klirren, Ball, kommen, Nenner, Pappe
backen, Mücke, Katze, Ritze, Pfütze

■ **Konsonantenhäufung,** d. h., auf einen kurzen Vokal folgen zwei oder mehrere verschiedene Konsonanten.

Schrank, Stift, Lampe, Klingel, Bild, Ampel, Palme, Hälfte

s, ss oder ß

Für den s-Laut gibt es im Deutschen drei Schreibungen: *s, ss* oder *ß.*
■ Nach Konsonanten steht immer nur ein einfaches *s,* ebenso am Wortanfang.

Pinsel, Bremse, Schubs, Hals
Sand, Sieg, Sog, Strand

■ *ß* kommt nur nach einem betonten langen Vokal vor.

Maß, Fuß, Schoß, gießen

■ Nach einem betonten kurzen Vokal steht *ss.*

lassen, Kuss, Tasse, Kissen, Boss, Schluss, kess, Blässe

Nach **langen Vokalen** und **Doppellauten** kann nie *ss* stehen. Zusätzlich gibt hier auch die Aussprache des s-Lautes Hinweise auf seine Schreibweise.
Es gibt **stimmhafte** (weiche, klingende) s-Laute – diese werden mit *s* geschrieben – und **stimmlose** (harte, klanglose) s-Laute – diese werden mit *ß* geschrieben.

Gebläse, Hase, Rose, lesen

Klöße, heißen

3.1 Dehnung

1 Suchen Sie zu jedem Wort mit Dehnungs-h je fünf verwandte Wörter und schreiben Sie sie auf.

a) Zahl: _zahlen,_ _____

b) Ehre: _____

c) zehren: _____

d) ermahnen: _____

e) prahlen: _____

2 In diesem Buchstabengitter sind sehr viele mindestens dreibuchstabige Wörter mit einer Dehnung versteckt. Man kann sie von links nach rechts, von rechts nach links, von oben nach unten, von unten nach oben und diagonal lesen. Finden Sie mindestens 30 und tragen Sie sie in die Tabelle auf der folgenden Seite ein.

K	Ü	H	N	E	M	O	H	N	J	K
D	O	O	F	M	A	H	L	E	N	M
L	E	E	R	B	L	A	I	W	T	T
E	H	R	E	R	E	T	D	A	L	B
K	A	A	L	E	N	E	M	H	E	N
Z	A	H	N	I	L	W	A	L	H	Ä
N	R	M	E	T	A	F	X	T	R	M
M	B	E	I	S	P	I	E	L	E	L
Ü	G	O	U	M	I	E	I	C	N	I
H	F	R	O	H	T	E	E	R	F	C
S	A	A	L	T	B	U	G	K	G	H
A	T	W	F	E	E	P	A	F	G	M
L	I	E	D	O	E	K	S	O	H	N
B	U	R	A	L	T	B	O	T	E	L

45

3 Dehnung und Schärfung

Vokalverdoppe- lung aa / ee / oo	Dehnungs-h	Dehnungs-e nach i	Kein Dehnungs- zeichen
leer	Mohn	Lied	Bug
Doof	Zahn	Beispiel	~~Malen~~
Saal	Wahl	Spiel	~~Beispiel~~
Beet	Ehre		Brei
Tee	mahlen		~~mal~~
Aal	Froh		Wal
Haar	Kühn		Uralt
	nehmen		Sohn
			Nämlich

3 Schreiben Sie fünf Wörter aus der in Aufgabe 2 erstellten Tabelle heraus, die gleich (oder ähnlich) klingen, die aber unterschiedliche Bedeutungen haben und auch unterschiedlich geschrieben werden. Diese nennt man Homofone. Erklären Sie die jeweilige Bedeutung des Wortes.

der Wal (ein Tier) = die Wahl (das Aussuchen)

mahlen (Mühle) = malen (Farben)

Lid (Auge) = Lied (Musik)

Boote (Schiff) = Bote (Post)

Leere (Ausbildung) = Lehre (Vermitteln)

PRAXISTIPP Dehnung

Diese Faustregeln erleichtern den Umgang mit der Dehnung:
■ Wenn ein Wort gedehnt wird, gilt das in der Regel für alle Wörter dieser Wortfamilie, also: einmal Dehnungszeichen, immer Dehnungszeichen:

Zahn – Zähne – Zahnarzt

■ Umlaute werden nicht verdoppelt:

Saal – Säle, Haar – Härchen, Paar – Pärchen, Boot – Bötchen

3.1 Dehnung 3

4 Ergänzen Sie die folgenden Begriffe mit weiteren Homofonen.

Besen _stiel_   ↔   Schreib _stil_

zwei Ruder _Boote_   ↔   Post _Bote_

Armband _Uhr_   ↔   _Ur_ großvater

Mienen spiel   ↔   Gold _mine_

zwei Wasser _wagen_   ↔   Personenkraft _wagen_

Meer wasser   ↔   _Mehr_ heit

Mutter _mal_   ↔   Gast _mahl_

Lehr kraft   ↔   _Leer_ lauf

PRAXISTIPP   **Homofone**

Es gibt einige Fälle gleichlautender Wörter mit Dehnung, die unterschiedlich geschrieben werden (Homofone). Dabei lässt sich jedoch keine einfache Regel anwenden; man muss sie schlicht lernen (↑ Kap. 4). Hier ein paar Beispiele:

Lid	vs.	Lied	Wagen	vs.	Waagen
wider	vs.	wieder	Mal	vs.	Mahl

Vorsicht auch bei gleichen Lauten:

Hoheit	vs.	Rohheit	Geier	vs.	Reiher

---

5 Lösen Sie das Rätsel: Welche Wörter mit langem Vokal werden gesucht? Achtung: Manche der langen Vokale haben kein Dehnungszeichen!

a) Er fliegt ein Flugzeug: _Pilot_

b) Derjenige, der gewonnen hat: _Sieger_

c) Damit kann man schießen: _Bogen_

d) Ohne Grenzen: _grenzenlos_

e) Eine Welle: _Woge_

f) Ein Straßenbelag: _Teer_

g) Daraus wachsen Pflanzen: _Beet_

h) Antworten, äußern: _Sagen_

47

3 Dehnung und Schärfung

6 Schreiben Sie die zusammengehörenden Reimpaare auf.

> ~~Hut~~ • Teer • Hahn • Tal • Waage • Fähre • schreiben •
> begehren • Zwiebel • Lehre • Speer • Stier • Kahn • lief •
> ~~gut~~ • Schere • Schnur • tief • treiben • kehren • rau • Giebel •
> Uhr • Wahl • Tage • ihr • Ähre • grau

Hut – gut

7 Lösen Sie das Kreuzworträtsel (ä = ae, ö = oe, ü = ue).

1 Strauchfrüchte
2 Ausbildung
3 Schusswaffe
4 Garantie
5 Präteritum von *sein*
6 erweitern
7 erhöhte Körpertemperatur
8 Salz

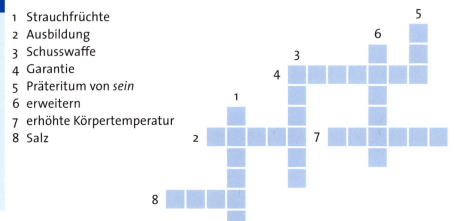

| PRAXISTIPP | Fremdwörter |

Wörter, die auf *-ine, -il* oder *-in* enden, sind in der Regel Lehn- oder Fremdwörter (↑ Kap. 5). Aufgrund ihrer Herkunft aus einer anderen Sprache haben sie auch im Deutschen kein Dehnungszeichen:
  Gardine, Maschine, Ventil, Krokodil, Medizin, Kamin

3.1 Dehnung **3**

8 Bilden Sie die Präteritumform (1. Vergangenheitsform) der folgenden Verben.

bleiben   ich   *blieb*

geben   du   *gabst*

heißen   er   *hieß*

fallen   ich   *fiel*

leihen   er   *lieh*

befehlen   er   *befahl*   Imperativ (Befehlsform): *befiehl* !

bitten   er   *bittet bat*

scheinen   du   *scheinst schienst*

lesen   ich   *las*   Imperativ (Befehlsform): *Lass* !

empfehlen   er   *empfahl*   Imperativ (Befehlsform): *empfiehl* !

stehlen   er   *stahl*   Imperativ (Befehlsform): *stiehl* !

anbieten   er   *bot an*

9 Ordnen Sie die folgenden Wörter nach ihrer Schreibweise in die vier Spalten der Tabelle.

> Schmied • Igel • Mine • Kiefer • Vieh • ihn • Papier • ihr • Benzin •
> Termin • Fliege • sieh • dir • Sieb • Bibel • Klima • nie • Spiegel • Lied

i	ie	ih	ieh

49

3 Dehnung und Schärfung

3.2 Schärfung

10 Wie viele Konsonanten fehlen? Setzen Sie ein.

b: Eb_b_e   b: E_b_ene   r: Ba_ss_en   r: ba_s_   l: ge_l_ten

l: Gü_ll_e   r: Dü_rr_e   r: Du_r_st   k: La_ck_   k: La_k_en

z: Schmu_tz_   z: Kra_tz_er   z: Ran_z_en   t: Wildbre_t_   t: Holzbre_tt_

PRAXISTIPP   Schärfung

Wird ein Vokal kurz gesprochen, werden fast immer die direkt darauf folgenden Konsonanten verdoppelt. Einige Wörter muss man sich aber als Ausnahme merken. Das fällt allerdings nicht schwer, da sie häufig vorkommen und sehr kurz sind, z. B.:
- Präpositionen wie *an, bis, in, um*,
- der Artikel *das* oder
- Verschmelzungen von Präposition und Artikel wie *am, im, zum*.

---

11 Setzen Sie einfache oder doppelte Konsonanten ein.

b oder *bb*	*d* oder *dd*	*f* oder *ff*	*g* oder *gg*
ro_bb_en	Pa_dd_el	A_ff_e	Fla_gg_e
Ga_b_el	Pu_dd_ing	ru_f_en	Se_g_en
Kra_bb_e	Pu_d_el	Wa_ff_e	E_gg_e
E_bb_e	bu_dd_eln	He_f_t	La_g_e
Ka_b_el	Bu_d_e	Ne_ff_e	Do_gg_e

k oder *ck*	*l* oder *ll*	*m* oder *mm*	*n* oder *nn*
Win_k_el	We_ll_e	Ra_m_pe	Ka_n_te
Schmu_ck_	Fa_l_ter	Ha_mm_er	Ka_hn_e
E_ck_schrank	Ste_ll_e	Schwa_mm_	Beka_nn_tschaft
Mü_ck_e	Ge_l_d	Tü_m_pel	Do_nn_erstag
Bal_k_on	Ke_ll_er	Schi_mm_el	niema_n_d

50

3.2 Schärfung · 3

p oder *pp*	*r* oder *rr*	*t* oder *tt*	*z* oder *tz*
Te_pp_ich	Geschi_rr_	Bi_tt_e	pu_tz_en
Gi_p_s	He_r_bst	ein Li_t_er	Me_tz_ger
verdo_pp_eln	Pfa_rr_er	Mi_tt_woch	Schnau_z_e
Pa_pp_el	Ziga_r_ette	Mi_t_leid	Wei_z_en
Su_pp_e	Gita_rr_e	Tri_tt_bre_tt_	bli_tz_en

12 Setzen Sie die Wörter so zusammen, dass drei gleiche Konsonanten aufeinander-
treffen.

a) triefend + Fett = _fetttriefend_

b) Theater + Ballett = _Baletttheater_

c) Folie + Kunststoff = _Kunststofffolie_

d) Lagerung + Müll = _Mülllagerung_

e) fest + Griff = _Grifffest_

PRAXISTIPP · **Drei gleiche Buchstaben**

Treffen bei einer Wortzusammensetzung drei gleiche Vokale oder Konsonanten
aufeinander, werden alle drei geschrieben. Wenn das Wort dadurch schlecht lesbar
wird, kann bei Substantiven ein Bindestrich gesetzt werden:
  Auspuffflamme / Auspuff-Flamme
  Passstelle / Pass-Stelle
  See-Elefant / Seeelefant
  Schifffahrt / Schiff-Fahrt
  Brennnessel / Brenn-Nessel

Bei Zusammensetzungen mit Adjektiv oder Partizip als 2. Bestandteil ist die
Bindestrichschreibung nicht empfehlenswert:
  seeerfahren, helllila

---

13 Konjugieren Sie die folgenden Verben im Präsens. Schreiben Sie in ein Übungsheft.

fallen · drücken · sich betten · blicken · bummeln

51

3 Dehnung und Schärfung

3.3 s, ss oder ß

14 Setzen Sie ein: *s, ss* oder *ß?*

Fü__ß__e ✓   Ma__ss__e ✓   Mon__s__ter ✓   Schu__ss__ ✓   bla__ss__ ✓

Bla__s__ebalg ✓   ri__ss__ig ✓   kri__s__eln ✓   rei__ß__en ✓   Pu__s__teblume ✓

Chri__s__tus ✓   Bri__s__e ✓   nie__s__en ✓   Prei__s__ ✓   Schwei__ß__ ✓

ei = ß

15 Ordnen Sie folgende Wörter in die Tabelle ein.

> Flei__ • genie__en • fre__en • Fa__ • Flü__e • Fü__e • la__en •
> Ha__e • Ro__e • Schu__ • Mi__brauch • anfa__en • Rei__e •
> le__en • Ro__ • Pä__e • Sü__igkeit • wi__en • Erb__e

s	ss	ß

16 Setzen Sie richtig ein: *s, ss* oder *ß?*

Da__ war ein Spa__! Ha__t du ge__ehen, wie __ie geschrien hat, al__ ich ihr

den Schub__ gegeben habe? „La__ da__!" Aber da__ i__t mir egal – man mu__

mit gleichem Ma__ me__en. Ich kann mich noch genau erinnern, da__ __ie mir

neulich auch einen Sto__ mit dem Fu__ gegeben hat. Al__o i__t da__ nur

au__gleichende Gerechtigkeit. Aber du ha__t recht: Jetzt i__t Schlu__ damit.

Man mu__ ja auch verzeihen können.

52

3.3   s, ss oder ß   3

17 Achten Sie auf den Unterschied und setzen Sie den richtigen s-Laut ein.

a) Frau Sommer genie___t den Urlaub.

Weil sie krank ist, hat sie genie___t.

b) Herr Winter rei___t aus dem Urlaub ab.

Er rei___t einen Knopf vom Hemd ab.

c) Zum Abschied kü___te Jana ihre Mutter.

Sie freute sich auf die Kü___te des Meeres.

d) Die Abteilungsleiterin la___ die Bilanzen.

Der Kollege sagte: „La___ das!"

e) Der Fahrer ha___t den Bi___ der Schlange.

Bi___ heute hat er keine Ha___t.

f) Der Ausbilder fa___t die Ware an.

Es wird ihm fa___t zu viel.

g) Manchen Azubis muss man noch den Weg wei___en.

Das Blau der Läden passt gut zur wei___en Wand.

18 Bei manchen Verben wechseln die Vokale und deren Länge in den verschiedenen Zeitformen, sodass auch der s-Laut unterschiedlich geschrieben wird. Bilden Sie zu den folgenden Verben die Verbformen und suchen Sie verwandte Wörter.

Verb	3. Person Singular Präsens	1. Person Singular Präteritum	Partizip Perfekt	verwandtes Nomen	verwandtes Adjektiv
lassen					
fließen					
wissen					
essen					
beißen					

53

4 Gleich und ähnlich klingende Wörter und Laute

das und dass

Die Schreibung von *das* oder *dass* ist an die grammatische Bedeutung gebunden.

das ist entweder
- ein **Artikel** bei einem Substantiv (es kann auch *dieses* oder *jenes* stehen),
- ein **Relativpronomen** (es leitet einen Nebensatz ein, man kann es durch *welches* ersetzen) oder
- ein **Demonstrativpronomen** am Anfang eines Satzes.

Das Schaltergebäude ist groß. (Dieses Schaltergebäude ist groß.)
Das Buch, **das** ich gestern ins Regal gestellt habe, möchte ich selbst lesen. (Das Buch, welches ich gestern ...)
Das gefällt mir! – **Das** will ich nicht.

dass ist eine unterordnende **Konjunktion** und leitet einen Nebensatz ein.

Er sagt, **dass** er gerne zur Arbeit geht.
Dass ich faul bin, stimmt nicht.

ä/e, äu/eu und ai/ei

- Die meisten Wörter, die mit *ä* oder *äu* geschrieben werden, haben verwandte Wörter oder Wortformen mit *a* oder *au* (Stammprinzip).
- Einige Wörter schreibt man mit *ä* bzw. *äu*, auch wenn sie sich von keinem Wort mit *a* oder *au* ableiten lassen.
- Andere schreibt man mit *e*, auch wenn es verwandte Wörter mit *a* gibt.
- Für einzelne Wörter sind beide Schreibweisen mit *e* oder *ä* erlaubt.

lässig – lassen, lächerlich – lachen
Hände – Hand, Fähre – fahren
Häuptling – Haupt, er läuft – laufen

Säge, Bär, dämmern, gähnen, Knäuel

wecken ←→ wach
schmecken ←→ Geschmack
aufwendig – aufwenden
aufwändig – Aufwand

Bei Wörtern mit *ei* oder *ai* ist die Schreibung mit *ei* am häufigsten. Nur wenige Wörter werden mit *ai* geschrieben, sie lassen sich nicht ableiten. Alle Wörter dieser Wortfamilie werden dann durchgängig mit *ai* geschrieben.

Beil, Bein, feilen, heißen, Leib, Meise, Kreis, Pfeil, Reifen, Scheibe, Zeile
Hai, Hain, Kai, Kaiser, Laib, Laich, Laie, Mai, Mais, Saite, Waise
Kaiser, Kaiserin, kaiserlich, Kaiserthron
Laie, laienhaft

4 Gleich und ähnlich klingende Wörter und Laute 4

Ähnlich klingender Auslaut

Im Auslaut kann man die Verschluss-
laute b – d – g und p – t – k oft nicht
unterscheiden. Durch die Verlänge-
rung des Wortes wird der Unterschied
zwischen den stimmhaften Lauten
b – d – g und den stimmlosen Lauten
p – t – k hörbar. Man kann das betreffende Wort verlängern, indem man
z. B. den Plural bildet oder ein verwandtes Wort sucht, bei dem der
Laut nicht am Ende steht.

Rad – Rat

Rad – Räder
Rat – raten

Die Buchstabenkombination -ig wird
im Auslaut wie -ich ausgesprochen.
Auch hier kann man, um sicherzuge-
hen, eine Wortform bilden, bei der die
Aussprache eindeutig ist.

eilig – der eilige Gast
ewig – das ewige Leben
auffällig – das auffällige Kleid
aber: sportlich – der sportliche Athlet,
herzlich – die herzliche Einladung

Tauchen die Silben -ant / -ent bzw.
-and / -end als Nachsilben auf, kann
man, um bei der Schreibung sicherzu-
gehen, eine flektierte (gebeugte) Form
bilden.
In zusammengesetzten Wörtern, die
Tod oder *tot* enthalten, hört sich das
d bzw. *t* gleich an.
■ **Zusammengesetzte Verben** werden
meist mit *tot* gebildet.
■ *Zusammen*gesetzte **Adjektive** werden meist mit *tod* gebildet.

Präsident – Präsidenten
Konfirmand – Konfirmanden
horrend – die horrenden Kosten
galant – der galante Umgangston

totkriegen, totlaufen

todkrank, todsicher

Die beiden Wörter *Stadt* und *statt*
klingen gleich. Bei zusammengesetzten Wörtern mit *Stadt* oder *statt*
kommt es darauf an, dass man die
jeweilige Bedeutung unterscheidet.
■ Wörter mit *Stadt-* haben etwas mit
der Bedeutung „größerer Ort" zu tun.
■ Bei Wörtern mit *statt-* hilft es meistens, wenn man darauf achtet, ob sie
etwas mit der Bedeutung *Statt* = Platz,
Stelle zu tun haben.

Stadtzentrum, Städtetag

stattfinden, Gaststätte

55

4 Gleich und ähnlich klingende Wörter und Laute

4.1 das / dass

1 Setzen Sie die richtige Form von *das / dass* in die Leerstellen ein und schreiben Sie die entsprechenden Ersatzformen *ein, dieses* oder *welches* in die Klammern. Vorsicht: Manchmal gibt es keine Ersatzform! Wann? Schreiben Sie die Regel in ein Übungsheft.

a) Ich möchte ___das___ (_dieses_) Gespräch jetzt nicht unterbrechen.

b) Es ist schön, ___dass___ (_____) Sie den Termin wahrnehmen konnten.

c) ___Das___ (_dieses_) Sommerfest ist eine Abwechslung im Arbeitsalltag.

d) ___Das___ (_dieses_) ist nun schon ___das___ (_____) dritte Mal, ___dass___ (~~dieses~~) ich Ihnen ___das___ (_dieses_) gesagt habe.

e) Sie erhalten das Dossier, ___das___ (_welches_) Sie mir gegeben haben, bald zurück.

f) ___Dass___ (_____) Sie daran gedacht haben, ___das___ (_dieses_) freut mich außerordentlich.

g) ___Das___ (_dieses_) Unternehmen, ___das___ (_welches_) neue Leute einstellt, ist so groß geworden, ___dass___ (_____) es umziehen muss.

h) ___Dass___ (_____) Sie mir nicht wieder die Kasse verlassen!

i) Ich möchte nicht, ___dass___ (_____) Sie morgen Urlaub nehmen.

j) Verkaufen ist von allen Dingen genau ___das___ (_jenes_), ___das___ (_welches_) ich am liebsten mache.

k) Es ist schön, ___dass___ (_____) Ihnen ___das___ (_dieses_) Üben der „das" / „dass"-Regeln immer weniger Mühe bereitet.

l) ___Das___ (_dieses_) eine Mal werden Sie mir doch helfen können!

m) Ist ___das___ (_dieses_) wahr, ___dass___ (_____) Sie mich loben?

n) Es ist vor allem ___das___ (_jenes_) Kalkulieren, ___das___ (_welches_) mir Spaß macht.

56

4.1 das / dass 4

2 Füllen Sie die Lücken: *dass* oder *das?*

_____ Wolfgang Amadeus Mozart ein großer Musiker war, _____ haben Sie

bestimmt schon mal gehört. Er gilt als _____ ewige Wunderkind der Musik. Aber

wissen Sie auch über _____ Werk Bescheid, _____ er der Nachwelt hinterlassen

hat? _____ _____ Verzeichnis, _____ alle Kompositionen Mozarts erfasst,

Köchelverzeichnis genannt wird, wissen viele. _____ aber Ludwig Ritter von

Köchel, der von 1800 bis 1877 lebte, _____ erste Verzeichnis der Werke von Mozart

erstellte und _____ die heute gebräuchliche Abkürzung KV auf diesen Ritter

zurückgeht, _____ ist eine weniger bekannte Tatsache.

3 Setzen Sie *das* oder *dass* in die Lücken ein.

a) _____ war _____ Höchste, was er erreichen konnte.

b) Brecht sagte einmal, _____ _____ Land unglücklich sei, _____ Helden nötig habe.

c) _____ ist ja wohl _____ Letzte!

d) _____ Sie mir den Kredit geben, _____ werde ich Ihnen nie vergessen.

e) Ich dachte mir schon, _____ _____ schiefgeht.

f) Nur _____ Tun beweist, _____ man etwas kann.

4 Bilden Sie aus jedem der Satzpaare einen Satz, der sich in Haupt- und Nebensatz
gliedert. Verwenden Sie entweder das Relativpronomen *das* oder die Konjunktion
dass. Schreiben Sie die Sätze in ein Übungsheft.
Beispiel: Ich behaupte etwas. – Er ist ein Lügner. → Ich behaupte, dass er ein
Lügner ist.

a) Er hasst es! – Er muss warten.

b) Das Plakat gefällt mir. – Es hat eine große Aussagekraft.

c) Ich verstehe das nicht. – Immer bekommt der Kollege die guten Aufträge.

d) Das Haus ist total schief. – Es ist das schönste Gebäude in der Straße.

e) Er hat schon so viele Belobigungen bekommen. – Er hält sich für einen wahren
Schlauberger.

f) Das kann doch nicht wahr sein! – Er hat schon wieder eine Abmahnung erhalten.

4   Gleich und ähnlich klingende Wörter und Laute

5   Konjunktion oder Relativpronomen?
Bilden Sie Satzgefüge, indem Sie jeweils einen Teilsatz aus dem ersten Satzspeicher mit einem Teilsatz aus dem zweiten Satzspeicher sinnvoll kombinieren. Das Zeichen (...) bedeutet, dass hier ein Teilsatz aus dem zweiten Satzspeicher eingeschoben werden muss.
Setzen Sie in die Leerstellen die richtige Form von *das / dass* ein. Beachten Sie außerdem die Kommasetzung!
Schreiben Sie die vollständigen Sätze in ein Übungsheft.

---

1. Wir haben die Kreditzinsen derart gesenkt,

2. Es ist mir völlig neu,

3. Die Neueröffnung wird ein tolles Ereignis werden,

4. Ich habe das Dossier, (...), noch nicht gelesen.

5. Ich gebe Ihnen das Stück zur Ansicht mit,

6. _____ Sie mich vor allen lächerlich gemacht haben,

7. Das Essen, (...), ist mein Leibgericht.

8. Womit habe ich es verdient,

9. Durch die Fortbildung weiß ich,

10. Ich möchte ein Kollegium haben,

A. auf _____ wir uns schon seit Monaten freuen.

B. _____ es heute in der Kantine gibt

C. _____ viele Kunden neu zu uns gekommen sind.

D. _____ genauso motiviert ist wie ich.

E. _____ ihr umgezogen seid.

F. _____ ich immer die anstrengendsten Kunden kriege?

G. _____ Sie uns aber morgen zurückbringen sollten.

H. _____ Seminare tatsächlich sehr hilfreich sind.

I. _____ Sie mir gegeben haben

J. _____ werde ich Ihnen nie vergessen.

4.2 wider / wieder

6 Setzen Sie je eine passende Wortverbindung mit *wieder* oder *wider* in die Lücke.
Achten Sie nicht nur auf die richtige Schreibung des langen Vokals, sondern auch
auf die korrekte Getrennt- bzw. Zusammenschreibung.
Achtung: Manchmal gibt es zwei richtige Möglichkeiten!

a) wieder / wider + einführen: Die neue Direktorin will die alten Vorschriften _____

_____ .

b) wieder / wider + geben: Er wollte den Vorfall wahrheitsgetreu _____

_____ .

c) wieder / wider + bringen: Er hat alle geliehenen Materialien _____ .

d) wieder / wider + stehen: Sie hat der Versuchung _____ .

e) wieder / wider + aufführen: Unsere Firmentheatergruppe wird ihr Theaterstück

nach dem großen Erfolg bestimmt _____ .

f) wieder / wider + sehen: Der Blinde konnte nach der Operation _____

_____ .

g) wieder / wider + haben: Kann ich bitte meinen Kugelschreiber _____

_____ ?

h) wieder / wider + streben: Es hat ihm _____ , Über-

stunden zu machen.

i) wieder / wider + sprechen: Du _____ dir.

PRAXISTIPP	Unterscheidung von *wider-* und *wieder*

Die Präposition *wider* drückt in Verbverbindungen einen Gegensatz aus. Diese
Verbindungen werden immer zusammengeschrieben:
  widersprechen (= sich gegen die Meinung eines anderen äußern)
  widerstehen (= sich gegen jemanden oder etwas behaupten)

Das Adverb *wieder* drückt in Verbverbindungen eine Wiederholung im Sinne
von „erneut" oder „zurück" aus:
  Ich werde es dir geben, wenn wir uns wiedersehen / wieder sehen.

4 Gleich und ähnlich klingende Wörter und Laute

7 Setzen Sie in den folgenden Text *Wieder / wieder* oder *Wider / wider* ein.

Johanna und Ben sind in Berlin und schlendern durch die Stadt. Johanna ist in Frankfurt am Main, in Westdeutschland aufgewachsen, Ben hat die ersten Jahre seines Lebens in Frankfurt an der Oder, in der ehemaligen DDR verbracht. Unterwegs diskutieren sie über Berlin und Deutschland nach der Wieder vereinigung.

Johanna: Ist Berlin nicht eine tolle Stadt? Hier spiegelt sich die deutsche Geschichte an jeder Ecke Wieder und überall kann man etwas Berühmtes wieder erkennen, zum Beispiel das Brandenburger Tor.

Ben: Ja, es ist wirklich toll hier und einfach unglaublich, was seit der Wende alles geschehen ist und wie interessant die Stadt geworden ist. Ich kann mir gar nicht vorstellen, dass es zwischenzeitlich so viel Wieder stand gegen Baumaßnahmen wie den Wieder aufbau des Berliner Schlosses und den Umzug der Regierung gegeben hat.

Johanna: Nun ja, das ist ein Wieder kehrendes Problem, immerhin haben die Baumaßnahmen wirklich eine Menge gekostet. Aber wie man sieht, hat sich der Aufwand doch gelohnt. Man hat historisch wertvolle Bauwerke schön renoviert und so etwas ist wichtig. Manche Leute sind nur ein bisschen Wieder willig, dies einzusehen. Das Einzige, das mir an Berlin nicht gefällt, ist der Alexanderplatz.

Ben: Da muss ich dir aber wieder sprechen. Ich mag die Atmosphäre dort, es ist total lebendig. Mir Wieder um Wieder strebt der neue Potsdamer Platz. Der ist mir zu futuristisch.

Johanna: Ich finde die neuen Häuser dort schon beeindruckend – und immerhin ist da jetzt nicht mehr die größte Baustelle der Welt.

Ben: Das ist eben das Tolle an Berlin: Für jeden Geschmack ist etwas dabei! Und wem es überhaupt nicht gefällt, der findet im Wieder vereinigten Deutschland viele andere schöne Orte, die man besichtigen kann.

4.2 wider / wieder

8 Bilden Sie aus den Wortteilen zusammengesetzte Wörter mit *wieder* oder *wider* und sortieren Sie sie.

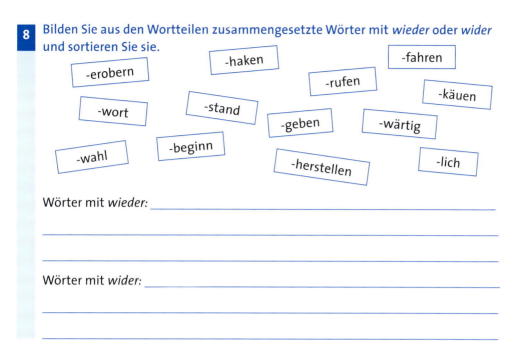

Wörter mit *wieder*: _____

_____

_____

Wörter mit *wider*: _____

_____

_____

9 Setzen Sie in die Lücken *wieder* oder *wider* ein.

Vielmännerei

In unserer Gesellschaft scheint es eine un_____legliche Tatsache zu sein, dass eine Ehe von zwei Menschen geschlossen wird. Im fernen Nepal _____ spricht das den Gewohnheiten des Stammes der Nyinba. Wenn im Tal der Nyinba eine Hochzeit arrangiert wird, dann vermählt sich eine Frau nicht nur un_____ruflich mit einem Mann, sondern sie heiratet zugleich alle seine Brüder. In dieser Tradition spiegelt sich die wirtschaftliche Situation dieses Volkes _____. In der kargen Landschaft kann ein Mann allein keine ganze Familie ernähren. Eine Hochzeit ist für den Vater der Männer eine sehr teure Angelegenheit, die ihn _____ besseres Wissen an den Rand des Ruins treiben kann. _____willig lässt er sich auf der Familienkonferenz darauf ein, eine bestimmte Anzahl an Yaks oder an Hektar Land abzugeben, um danach seinen Reichtum _____aufzubauen. Diese Ehen sind jedoch nicht frei von Eifer-

4 Gleich und ähnlich klingende Wörter und Laute

sucht. Immer _____ betrachten sich die Brüder als _____ sacher.

Als es zum _____ holten Male zu Streit gekommen war, gab eine junge Frau

gegenüber einer europäischen Besucherin zu, dass es ein echtes Problem sei,

bei wem sie schlafen soll. Aber sie entwickelte ihre eigene Strategie, um dieses

Problem zu entschärfen: „Zeige ich mich einem meiner Männer gegenüber _____

_____ borstig oder gar _____ spenstig, achte ich darauf, dass er mehr zu

essen bekommt. So wird die Harmonie _____ hergestellt."

4.3 ä/e, äu/eu, ai/ei

10 Setzen Sie entweder *e, ä, eu* oder *äu* ein und leiten Sie von den Wörtern mit *ä* oder *äu* ein verwandtes Wort mit *a* oder *au* ab.

St___mme	verg___den	H___ser	G___ste
t___er	r___chen	S___gling	ents___tzlich
L___nder	H___ptling	g___stern	Kr___ter
B___me	B___te	aufw___ndig	ausr___chern
erfr___lich	kr___ftig		

abgeleitete Wörter mit *a*   abgeleitete Wörter mit *au*

_____   _____

_____   _____

_____   _____

_____   _____

_____   _____

_____   _____

_____   _____

4.4 end-/ent-, -and/-ant, tod-/tot-

11 Setzen Sie richtig ein: *ent-* oder *end-?*

_____lich haben wir die Karten! Völlig _____nervt haben wir mehrere Stunden

Schlange gestanden. Das _____ergebnis sind zwei Konzertkarten und zwei _____

nervte Gesichter. An der _____losen Warteschlange sind immer wieder Menschen

mit _____geistertem Blick _____langgelaufen. _____gegen aller Voraussagen hat

es jedoch nicht geregnet. Zwischendurch hat sich meine Freundin aus der

Schlange _____fernt, um etwas zu essen zu holen. Erst nach einer Stunde hat sie

eine Pommesbude _____deckt und ist glücklich zurückgekommen. Allerdings

waren die Pommes, als sie _____lich bei mir ankamen, schon kalt. Deshalb war ich

etwas _____täuscht. Völlig _____setzt war ich jedoch über den Preis: 3,50 €! Für

das Geld bekomme ich in der Imbissbude, die an der_____haltestelle meiner

Straßenbahnlinie steht, mindestens das Doppelte.

PRAXISTIPP	*end-* und *ent-*

Wörter mit *end-* kommen immer von „Ende" und drücken aus, dass etwas den
endgültigen Schlusspunkt darstellt, auf das Ende zugeht bzw. das Ende erwarten
lässt. Es handelt sich um Zusammensetzungen und Ableitungen:
>   endlich, endgültig, endlos
>   Endlager, Endeffekt, Endfassung
>   Endprodukt, Endresultat, Endzeit
>   (be)enden

In allen anderen Fällen, die nicht vom Wort „Ende" abgeleitet sind, steht die
Vorsilbe *ent-:*
>   entfernen, entzünden, entzaubern, entkleiden, entwarnen, entleeren,
>   entflammbar, Entlassung, Entscheidung

4 Gleich und ähnlich klingende Wörter und Laute

12 Verbinden Sie die Wortteile mit den Vorsilben *ent-/Ent-* oder *end-/End-* und sortieren Sie sie.

Wörter mit *ent-/Ent-*: _____

_____

_____

Wörter mit *end-/End-*: _____

_____

_____

13 Entscheiden Sie sich für die Schreibung mit *d* oder mit *t* und setzen Sie ein.

En___gültige Weisheiten

Kommt es dir nicht auch manchmal so vor, als hätten sich manche Leute an irgendeinem Punkt in ihrem Leben en___schieden, unen___lich vernünftig zu werden und jeglichem Unsinn zu en___sagen? Wir kennen doch alle diese en___losen Vorträge darüber, was das einzig Wahre ist. Natürlich zeigen sie dann auch Verständnis dafür, dass andere noch weit von ihrer Vollkommenheit entfernt sind, obwohl auch diese längst erwachsen sind.

Aber wie leicht ist es doch, die Willkür und Eitelkeit solcher Alltagsweisheiten zu en___larven. Sind sie einer Meinung mit einem, bekommt man nicht selten den Spruch „Das hab ich doch schon immer gesagt" zu hören. Sind sie dagegen en___täuscht oder gar en___setzt, behaupten sie, den anderen noch nie verstanden zu

64

4.4 end-/ent-, -and/-ant, tod-/tot- 4

haben. Schließlich kommen sie meistens zu dem En__ergebnis, dass so ein

Verhalten überhaupt nicht ihren Ideen en__spricht.

Dann ist es doch en__scheidend, ob man wirklich befreundet ist. Im En__effekt

zählt nur das. Denn wer will sich schon ständig dafür en__schuldigen, dass er

en__schlossen eine andere Meinung vertritt und auch mal Neues en__decken

möchte!

14 Finden Sie die gesuchten Wörter mit *ent- / Ent-* oder *end- / End-*.

a) die letzte Haltestelle einer Straßenbahn: _____

b) wegschaffen, wegräumen: _____

c) ewig, unaufhörlich: _____

d) unabänderlich, unwiderruflich: _____

e) kündigen: _____

f) alle Waffen einsammeln: _____

15 Setzen Sie die folgenden Adjektive und Verben mit *tot-* oder *tod-* zusammen.

> krank • sagen • schießen • ernst • schick • sicher • fahren •
> unglücklich • müde • blass • schlagen • schweigen •
> treten • elend • lachen • geweiht • geglaubt • arbeiten

tot-	tod-

65

4 Gleich und ähnlich klingende Wörter und Laute

16 Setzen Sie den passenden Buchstaben *d* oder *t* ein.
Manchmal hilft es, wenn man ein verwandtes Verb sucht (↑ S. 55).

a) Nachdem er sich fast to__gearbeitet hatte, fiel er to__müde ins Bett.

b) Er mag seine Frisur ja für to__schick halten, aber in Wirklichkeit ist sie zum

To__lachen!

c) Der Angeklagte erhielt eine langjährige Haftstrafe wegen To__schlags.

d) Ihm war to__elend, als er das to__gefahrene Reh sah.

e) Er sah to__ernst aus, als er den To__geglaubten wiedersah.

f) Sie war to__traurig, weil sie fand, dass zu viel to__geschwiegen wird.

4.5 seid / seit, Stadt / statt

17 Setzen Sie *seit* oder *seid* in die Lücken ein.

a) _____ ihr nicht mehr hier _____, ist es ganz schön langweilig geworden.

b) _____ ihr schon _____ Langem hier?

c) Ihr wollt mir also allen Ernstes erzählen, dass ihr schon _____ Stunden fleißig

_____.

d) Ihr _____ ja schon müde, _____ ihr hier _____.

PRAXISTIPP Unterscheidung von *seit* und *seid*

Seit kommt als Präposition und als Konjunktion vor.
- Als Präposition leitet *seit* eine adverbiale Bestimmung der Zeit ein:
  Seit seiner Prüfung ist er ein anderer Mensch.
- Als Konjunktion leitet *seit* einen temporalen Nebensatz ein:
  Ihr geht es besser, seit sie Sport treibt.

Seid ist die Verbform der zweiten Person Plural von *sein*.
  Ihr seid meine besten Freunde. Seid ihr heute auch dabei?

4.5 seid / seit, Stadt / statt · 4

18 *seit* oder *seid*? Setzen Sie richtig ein.

a) _____ wir wieder Berufsschule haben, habe ich nicht mehr so viel Zeit für mein Hobby.

b) Ihr _____ wirklich eine lustige Truppe.

c) Sie träumt davon, Buchhändlerin zu werden, _____ sie zehn Jahre alt ist.

d) Unser Chef warnt uns ständig: „_____ freundlich zu den Kunden!"

e) _____ sie expandiert haben, kennt jeder in Hessen den Namen der Firma.

f) An der Börse sagt man, dass ihr ein starker Gegner _____.

19 Entscheiden Sie sich für die Schreibung mit *d* oder mit *t* und setzen Sie ein.

Sei__ die Popband „Die gesetzesgläubigen Halsabschneider" mit ihrem letzten Album wochenlang auf Platz eins der Hitparaden steht, werden die Bandmitglieder als neue Helden der Musikszene gefeiert. Unsere Zeitung führte ein Interview mit ihnen.

Wie fühlt ihr euch, sei__ ihr als Stars gefeiert werdet und nun berühmt sei__?

„Eigentlich hat sich noch nicht viel geändert. Aber diese große Popularität genießen wir ja erst sei__ Kurzem. Ich hoffe dennoch, dass ich niemals den Satz hören muss: ‚Sei__ man euch feiert, sei__ ihr andere Menschen geworden.'"

Ihr denkt also, dass ihr auf dem Teppich geblieben sei__, sei__ ihr solchen Erfolg habt?

„Aber ja, ich denke, dass es erst problematisch wird, wenn alle etwas von uns wollen und jeder sagt: ‚Ihr sei__ so oder so und müsst jetzt dies oder jenes tun.'"

Sei__ ihr eigentlich stolz auf eure Lieder?

„Nein, ich empfinde nur Stolz, wenn ich jemanden auf der Straße eines unserer Lieder singen höre. Sei__ ich denken kann, finde ich, dass Musik eigentlich niemandem gehört. Für mich sind unsere Lieder wie Kinder; und wenn ich sie dann auf der Straße höre, denke ich: ‚Ihr sei__ jetzt erwachsen geworden.'"

67

4   Gleich und ähnlich klingende Wörter und Laute

20 Bilden Sie mit den folgenden Wortteilen zusammengesetzte Wörter mit
Stadt / stadt oder *Statt / statt* und sortieren Sie sie in die Tabelle.
Achtung: Manchmal müssen Sie die Pluralform verwenden!

-bezirk • Ruhe- • -dessen • Vor- • Rast- • Industrie- •
Groß- • -finden • -geben • -partnerschaft • -haft •
-teil • -bibliothek • Arbeits- • Brand- • -bau

Stadt- / -stadt		statt- / -statt	

21 Welcher Wortteil passt in den folgenden Sätzen: *Stadt / stadt* oder *Statt / statt?*

a) In Berlin läuft die _____planung auf Hochtouren.

b) Der alte Unternehmer suchte einen _____halter.

c) Die Musikgruppe war so berühmt, dass sie zum _____gespräch wurde.

d) Leider konnte das Konzert nicht _____finden, der Sänger war krank.

e) An_____ ins Kino ging er in das _____theater.

f) Das _____archiv befindet sich in der Alt_____.

PRAXISTIPP x-Laut

Für die Schreibung des x-Lautes gibt es verschiedene Möglichkeiten, die sich nicht
ableiten lassen. Man muss sie schlicht lernen.
- ks: Keks, Koks, schlaksig, Klecks, Knicks
- gs: anfangs, flugs, tags, unterwegs
- chs: Achse, Fuchs, drechseln, sechs
- x: Axt, boxen, extra, Hexe, maximal

5 Fremdwörter

Im Deutschen – und in allen anderen Kultursprachen – gibt es eine große Zahl von Wörtern aus anderen, d. h. fremden Sprachen. Sie werden Fremdwörter genannt, selbst wenn es sich um durchaus bekannte und gebräuchliche Wörter handelt.

Alphabet, Biografie, Demonstrant, Espresso, Methode, Pyramide, Reklamation, Restaurant, Saison, Theater, Ziffer

Fremdwörter werden häufig anders geschrieben als gesprochen. Dabei richten sich Schreibung und Aussprache eines Fremdworts in den meisten Fällen nach den Regeln der Herkunftssprache.

cool, Etage, Ingenieur, Label, Medaille, Sympathie, User

Fremdwörter
■ werden häufig mit *ph, rh, th* oder *y* geschrieben;

Physik, Rheuma, Rhythmus, Theater, Lyrik

■ enden häufig auf *ie;*

Demokratie, Geografie

■ haben im Wortinneren meist nur ein einfaches *i*.

Tiger, Maschine

Werden Fremdwörter oft verwendet, gleichen sie sich in ihrer Schreibung häufig der deutschen Sprache an.

Graphik – Grafik
Friseur – Frisör
Photograph – Fotograf

Mehrteilige Ausdrücke

In mehrteiligen Fremdwörtern, die **als Substantiv** gebraucht werden, werden die substantivischen Bestandteile großgeschrieben. Bei unübersichtlichen Ausdrücken sind Bindestriche sinnvoll.

Alma Mater, Alter Ego, Corpus Delicti, Ultima Ratio
Small Talk
Assessment-Center / Assessmentcenter
Fulltime-Job / Fulltimejob

Englische Verbindungen aus Adjektiv und Substantiv können wahlweise zusammen- oder getrennt geschrieben werden, wenn der **Hauptakzent** auf dem ersten Bestandteil liegt.
Werden beide Bestandteile betont, gilt Getrenntschreibung.

Hardrock / Hard Rock
Hotdog / Hot Dog
Fast Food / Fastfood
Happy End / Happyend

Electronic Banking
New Economy

Herkunftssprache Englisch

Fremdwörter aus dem Englischen und Amerikanischen stammen oft aus den Bereichen Sport, Jugend und Technik.

Basketball, Handicap, Hobby, Hype, Party, Podcast, Homepage, Computer, Download

Für die Schreibung von Fremdwörtern aus dem Englischen gilt:
- Was wie ein langes *i* klingt, wird oft *ee* oder *ea* geschrieben.
- Ein gehörtes *ei* wird häufig als *y* oder als *i* geschrieben.

Teenager, Jeans

Recycling, Design, live

Herkunftssprache Französisch

Fremdwörter aus dem Französischen sind in den Bereichen Mode, Kultur und Gastronomie verbreitet.

Accessoire, Medaille, Renaissance, Feuilleton, Biskuit, Fondue, Ragout, Sorbet

Bei der Schreibung von Fremdwörtern aus dem Französischen muss man Folgendes beachten:
- Ein gesprochenes *u* wird meist *ou* geschrieben.
- Was ähnlich klingt wie ein deutsches *ä* wird *ai* geschrieben.
- Ein gesprochenes *lj* oder *ij* wird *ill* geschrieben.
- Gesprochenes *ö* schreibt man *eu*.
- Was wie ein [ʒ] klingt, wird vor *e* oder *i* als *g* geschrieben.

Souvenir, Tourist

Palais, Saison

Medaille, Taille

Kontrolleur, Masseur

Garage, Passagier

Herkunftssprachen Lateinisch und Griechisch

Fremdwörter aus dem Lateinischen bezeichnen häufig Dinge bzw. Sachverhalte aus den Bereichen Wissenschaft, Kunst und Militärwesen.

Demonstrant, Doktor, Exitus, Fakultät, Infanterie, Konstruktion, Nervosität, Professor, Quartal, Villa

Fremdwörter aus dem Griechischen stammen häufig aus den Bereichen Wissenschaft und Kultur.

Biografie, Prophet, Rheuma, Rhythmus, Theke, Theater, Physik

5.1 Fremdwörter aus dem Englischen

1 Korrigieren Sie die Fehler.

Kauntdaun: _____   Mieting: _____

Haileit: _____   Bie-tu-bie: _____

Iwent: _____   Sörviß-Peunt: _____

Gängwey: _____   Ihmeyl: _____

2 Setzen Sie die entsprechenden Fremdwörter ein.

a) Die Bilder müssen Sie erst mal _Scannen_ (einlesen) und speichern.

b) Unser Erfolg löste einen _Hype/Boom_ (plötzlicher Aufschwung) in der Branche aus.

c) Sie wollte unbedingt zum _Casting_ (Vorspielen) für die neue Serie.

d) Wir treffen uns vor dem Abflug direkt auf dem _Airport_ (Flughafen).

e) Der _Trainer_ (Übungsleiter) fordert die Mannschaft zu großer _fairness_ (sportlicher Verhaltensweise) auf.

3 Notieren Sie zu den Begriffsumschreibungen das passende Fremdwort.

a) Aufbereitung und Wiederverwertung: _____

b) Auf Wiedersehen (engl.): _____

c) Überbrückung eines kranken Blutgefäßes: _____

d) ein Schwimmstil (auch „Delfin" genannt): _____

e) Kenner interner Verhältnisse: _____

f) Rohrleitung: _____

g) Gestalt, Muster: _____

h) Höhepunkt, Glanznummer: _____

i) zeitliche Abstimmung von Abläufen: _____

5 Fremdwörter

> **PRAXISTIPP** Anglizismen
>
> In den Jahren nach dem Zweiten Weltkrieg zog die allgemeine Bewunderung der Deutschen für den „American Way of Life" eine überdurchschnittliche Verwendung von Anglizismen und Amerikanismen nach sich.
> Heute werden viele englische Ausdrücke eher deshalb verwendet, weil das Englische als „Lingua franca" (Verkehrssprache) gilt, was dazu führt, dass viele Begriffe aus dem Englischen und Amerikanischen Eingang in die Alltagssprache und in die berufliche Kommunikation finden.
>
> Actionfilm, Charts, Fast Food, Manager, Pipeline, Show
> Callcenter, Hotline, Kick-off, Lean Production,
> Management-Buy-out, Sale and lease back   *lean = flach*

4 Kennen Sie diese Fremdwörter? Verbinden Sie je einen Begriff aus der linken Spalte mit einer Erklärung aus der rechten Spalte.

Terminal	Wert- oder Geldanlage
Marketing	öffentliche Erklärung
Investment	Ausrichtung auf die Verbesserung der Absatzmöglichkeiten durch Werbung
Feedback	Herunterladen von Daten aus dem Internet
Statement	Seminar, Arbeitsgruppe
Workshop	Rückmeldung bzw. Reaktion
downloaden	Abfertigungshalle für Fluggäste

5 Welche Buchstaben fehlen? Setzen Sie richtig ein.

> ai • ea • ea • ea • ea • ee • ey • ey • oa

B____t   Hock____   B____fst____k   Tr____ning

Sw____ter   Voll____ball   T____m   Trenchc____t

72

5.1 Fremdwörter aus dem Englischen | 5

6 Finden Sie zu den Umschreibungen die richtigen englischen Fremdwörter.

a) Zwei belegte Scheiben Weißbrot: _____

b) Geländegängiges Fahrzeug mit Allradantrieb: _____

c) Spaßmacher, besonders im Zirkus: _____

d) Bewirtung, Beschaffung von Lebensmitteln: _____

e) Fachmann für Kostenrechnung, -planung: _____

f) Faltblatt, Bandzettel, Informationsblatt: _____

7 Ihr Neffe hat im Radio eine Sendung gehört und sich alle Anglizismen so aufgeschrieben, wie er sie gehört hat. Helfen Sie ihm, die Wörter richtig zu schreiben.

Tiem:	Team	Dschäss:	_____
Wannaitständ:	_____	Wiekend:	_____
Stantmän:	_____	Seif:	_____
Saund:	_____	Stjuardess:	_____

PRAXISTIPP **Getrennt- oder Zusammenschreibung**

Zusammengesetzte Fremdwörter, auch Anglizismen, werden grundsätzlich zusammengeschrieben.
> Homepage, Workshop, Marketingabteilung

Aus Substantiven zusammengesetzte Fremdwörter können der besseren Lesbarkeit halber mit Bindestrich stehen:
> Midlife-Crisis / Midlifecrisis, Desktop-Publishing / Desktoppublishing

Aneinanderreihungen und Zusammensetzungen mit (englischsprachigen) Wortgruppen schreibt man mit Bindestrich:
> No-Future-Generation

Wörter, deren zweiter Teil ein Adverb ist, schreibt man ebenfalls mit Bindestrich; Zusammenschreibung ist jedoch auch erlaubt:
> Coming-out, Make-up, Rooming-in
> Know-how / Knowhow, Knock-out / Knockout, Stand-by / Standby

Ist der eine Teil der Verbindung kein selbstständiges Wort, steht kein Bindestrich:
> afroamerikanisch, Angloamerikaner

5 Fremdwörter

5.2 Fremdwörter aus dem Französischen

8 Hier sind acht Fremdwörter aus dem Französischen durcheinandergeraten. Setzen Sie sie wieder richtig zusammen und schreiben Sie sie auf.

Nu • En • yon • gat • Toi • Ja • Ren • te • ment • cote • lou • vous •
ge • sie • let • tre • Ho • ga • te • de • nai • En • Ma • se • lier

_____   _____

_____   _____

_____   _____

_____   _____

9 Im Buchstabengitter sind acht Begriffe versteckt, die aus dem Französischen stammen und Eingang ins Deutsche gefunden haben. Kreisen Sie sie ein.

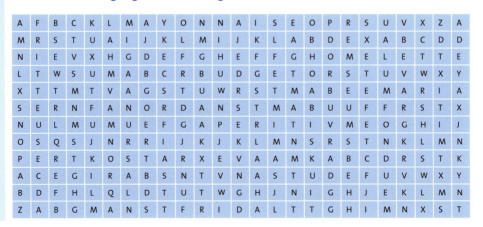

5.2 Fremdwörter aus dem Französischen 5

10 Lösen Sie folgendes Silbenrätsel mit französischen Fremdwörtern.

> ba • bas • ce • cham • e • ge • lan • ner • nir •
> pag • rant • res • sin • sou • ta • tau • ve

a) Speiselokal: _Restaurant_

b) Andenken: _Souvenir_

c) Schaumwein: _Champagner_

d) Stockwerk: _Etage_

e) Schwimmbecken: _Bassin_

f) Gleichgewicht: _Balance_

11 Setzen Sie die französischen Fremdwörter ein.

> engagieren • Nugat • Jalousie • Portemonnaie • Mayonnaise • Coupon •
> Restaurant • Niveau • Fritteuse • Orange • Toilette • Parfüm

a) Der Inhaber des _Restaurants_ _engagiert_ nur ausgebildetes

Fachpersonal.

b) In einem Lokal von _Niveau_ hat eine _Fritteuse_ angeblich

nichts zu suchen.

c) _Nugat_ mit dem Aroma von _Orange_ ist der Verkaufs-

schlager der Süßwarenabteilung.

d) Im _Portemonnaie_ steckte der _Coupon_ aus der Reinigung.

e) Der Lehrling kippte heimlich die geronnene _Mayonnaise_ in die

Toilette.

f) Im Haus stank es, denn als das Zimmermädchen die _Jalousie_ hochzog,

stieß es das _Parfüm_ um.

75

5 Fremdwörter

5.3 Fremdwörter aus dem Lateinischen, dem Griechischen und aus anderen Sprachen

12 Wie kann man auch schreiben? Finden Sie die eingedeutschte Schreibweise der unten stehenden Fremdwörter heraus, indem Sie die Silben aus dem Wortspeicher richtig zusammensetzen.

> Ma • al • Jo • si • Sa • ten • nä • ell • Po • fon • stan •
> ta • jo • ne • se • Gra • ter • Ku • Fan • gurt • xo • zi •
> sie • fisch • Pan • sub • ker • Tun • zi • fi

Cousine: _____

Graphiker: _____

Thunfisch: _____

Joghurt: _____

Saxophon: _____

Phantasie: _____

Panther: _____

substantiell: _____

Mayonnaise: _____

Potential: _____

PRAXISTIPP Bedeutung von Fremdwörtern

Es gibt einige fremdsprachliche Wortbildungselemente, die in verschiedenen Zusammensetzungen immer die gleiche Bedeutung haben. Dazu gehören u. a.
- *bio:* das Leben betreffend,
- *fon / phon:* Laut, Ton, Stimme, Sprache,
- *geo:* Erde,
- *logos:* Lehre,
- *mono:* allein, einzeln, einmalig,
- *poly:* mehr, oft, viel,
- *tele:* fern, weit.

So kann man die Bedeutung vieler Wörter erschließen:
- *Biologie* = Lehre von der belebten Natur
- *polyfon* = vielstimmig, mehrstimmig
- *monochrom* = einfarbig
- *Polysaccharid* = Vielfachzucker
- *Telefon* = Fernsprecher

Da es z. B. auch im Englischen und Französischen viele Fremdwörter aus den „alten" Sprachen gibt, erleichtert eine Kenntnis solcher Wörter durchaus auch die geschäftliche Kommunikation.

5.3 Fremdwörter aus dem Lateinischen, dem Griechischen und aus anderen Sprachen 5

13 Nur eine Schreibung ist richtig. Welche? Unterstreichen Sie sie.

a) Apocalypse – Abokalypse – Apokalypse – Apokallypse

b) autentisch – authentisch – autenthisch – authentysch

c) Bouquet – Buket – Buquet – Bouquett

d) Chromosom – Cromosom – Chrumosom – Chrymosom

e) Fata-Morgahna – Fata Morgana – Fata morgana – Fatah Morgana

f) Gastronomi – Gasthronomie – Gastronomie – Gasttronomie

g) Komision – Kommission – Kommision – Commission

h) Paradontuse – Parodonntose – Parodontose – Pahradontose

14 Erkennen Sie das Fremdwort? Ein Tipp: Der Wortanfang ist hervorgehoben und zeigt durch die Groß- bzw. Kleinschreibung, ob es sich um ein Substantiv oder ein Adjektiv handelt.

a) szi**di**nilritpe: _____

b) reem**z**lloien: _Zeremoniell_

c) ct**D**meoierka: _Demokratie_

d) kg**L**oi: _Logik_

e) ya**b**Lthinr: _Labyrinth_

f) tt**k**roeinsern: _konsterniert_

PRAXISTIPP **Eindeutschung von Fremdwörtern**

Die Schreibung häufig gebrauchter Fremdwörter wird meist vorsichtig an die deutsche Schreibweise angepasst. Das betrifft
- verschiedene Einzelfälle:
  Joghurt – Jogurt, Spaghetti – Spagetti,
- Wörter aus dem Französischen:
  Friseur – Frisör, Nougat – Nugat,
- _f_ statt _ph_, besonders bei den Wortbestandteilen _graph_, _phon_ und _phot_:
  Photograph – Fotograf, Mikrophon – Mikrofon und
- in vielen Fällen _-zial / -ziell_ statt _-tial / -tiell_:
  Potential – Potenzial, differentiell – differenziell, potentiell – potenziell.

5 Fremdwörter

15 Zwölf der 16 Fremdwörter sind falsch geschrieben. Schlagen Sie, wenn nötig, im Fremdwörterbuch nach und schreiben Sie die Fremdwörter richtig dahinter.

Poesiealbum: _____

Mickrobiologe: _____

Korektur: _____

Expansion: _____

Excursion: _____

bandaschieren: _____

Bagett: _____

Biosfäre: _____

Majonäse: _____

Inwasion: _____

konsegwent: _____

Ketschab: _____

Boikott: _____

Rüttmus: _____

Theater: _____

Photosyntese: _____

16 Langes *i* mit oder ohne Dehnungszeichen *(ie, ieh)?* Entscheiden Sie und tragen Sie die richtige Schreibung ein!

Im Delf___narium

Little Hamburg in Maine (USA) hat seit zwanzig Jahren ein r___s___ges Delf___-narium, das sich bei den Einheimischen und Besuchern großer Bel___btheit erfreut und deshalb recht ziv___le Eintrittspreise hat. Probleme bereiten jedoch d___ Kosten der Wasseraufbereitung: Seit zwanzig Jahren sind weder d___ Pumpen noch d___ Turb___nen ausgetauscht worden. Direkt am Meer gelegen, drückt das Meerwasser mit den Gezeiten durch eine Turb___nenanlage und schafft so frisches Wasser für d___ Delf___ne sow___ Energ___ zur Beheizung des Tropenhauses. D___ser Kreislauf wurde vor zwei Wochen gestört, als d___ Turb___nen ausf___len und d___ Pumpen für das Brauchwasser reparaturbedürftig waren. Ohne d___se Masch___nen konnte den Delf___nen kein Frischwasser zugeführt werden.

6 Zeichensetzung

Die Zeichensetzung umfasst sowohl die Satzzeichen am Ende eines Satzes als auch solche, die innerhalb von Sätzen stehen, um diese zu gliedern.

Satzschlusszeichen

Es gibt drei Satzschlusszeichen, die unterschiedliche Satzarten abschließen:
- Punkt (Aussagesatz),
- Fragezeichen (Fragesatz),
- Ausrufezeichen (Ausruf, Aufforderung).

Die Geschäfte gehen gut.
Was sagt die Börse?
Mist, das Brot ist verbrannt!
Füllen Sie das Formular aus!

Das Komma zwischen Sätzen

Zwei Hauptsätze werden durch Komma voneinander getrennt.

Ich kann singen, ich kann auch tanzen.

Kein Komma steht, wenn die Sätze durch die Konjunktionen *und* bzw. *oder* verbunden sind.
Es kann in diesen Fällen allerdings ein Komma stehen, um die Gliederung des Satzes zu verdeutlichen bzw. um Missverständnisse zu vermeiden.

Ich kann singen **und** ich kann auch tanzen.

Ich kann singen(,) und tanzen kann ich auch.

Bei **entgegenstellenden Konjunktionen** wie *aber, jedoch, doch, sondern* wird immer ein Komma gesetzt.

Ich kann singen, aber ich kann auch tanzen. Ich kann nicht singen, sondern ich kann tanzen.

Hauptsatz und Nebensatz (Gliedsatz) werden mit Komma voneinander getrennt. Nebensätze hängen von einem übergeordneten Satz ab und werden durch ein Komma von ihm getrennt. Oft werden sie von einer Konjunktion eingeleitet. Nebensätze können am Anfang, am Ende oder in der Mitte des Satzgefüges stehen.

Ich habe keine Zeit, weil ich so viel arbeiten muss.

Ob ich morgen zum Betriebsausflug mitkomme, weiß ich noch nicht.
Mein Chef ist sauer, obwohl die meisten gar nicht streiken wollen.
Die Talsache, dass die Zinsen steigen, tangiert uns ebenfalls.

79

Der einem Nebensatz übergeordnete Satz ist oft ein Hauptsatz; es kann aber auch ein anderer Nebensatz sein.

Der Kunde sagte, dass er ganz aufgeregt sei, weil er nicht wisse, was er mit dem Geld machen solle.

Wenn mehrere Nebensätze von einem übergeordneten Satz abhängig sind, sind sie **gleichrangige Nebensätze**. Wenn sie nicht durch eine anreihende Konjunktion verbunden sind, werden sie mit Komma getrennt.

Was er mit dem Geld machen sollte, ob er sich davon ein Haus kaufen konnte, ob es nur zu einem neuen Auto reichen würde, ob er lieber eine große Reise machen sollte, über all das musste er noch gründlich nachdenken.

Gleichrangige Nebensätze, die mit einer anreihenden Konjunktion verbunden sind, dürfen nicht mit Komma getrennt werden.

Der Vorstand informierte, dass das Projekt bis Jahresende läuft und dass es keine Fristverlängerung geben wird.

Infinitiv- und Partizipgruppen

Bei einer **Infinitivgruppe** steht ein Komma,
- wenn sie mit *als, (an)statt, außer, ohne* oder *um* eingeleitet wird,
- wenn sie von einem Substantiv abhängt,
- wenn sie durch ein hinweisendes Wort angekündigt (oder wieder aufgenommen) wird.

In allen anderen Fällen muss man kein Komma setzen, darf es aber, um den Satz deutlicher zu gliedern oder um Missverständnisse auszuschließen.

Der Kollege konnte nicht Besseres tun, **als** noch eine Weile zu warten.
Sie fasste den **Entschluss,** bald zu kündigen.
Es ist unsere Absicht, die Torte zu verzieren. – Die Torte zu verzieren, **das** ist unsere Absicht.
Wir empfehlen(,) dem Kollegen zu kündigen.
Wir empfehlen dem Kollegen(,) zu kündigen.

Um einen Satz zu gliedern, kann man **Partizipgruppen** mit einem Komma abtrennen.

Das ist(,) grob gerechnet(,) die Hälfte.
Er stand(,) ein Sektglas in der Hand haltend(,) dem Chef gegenüber.

Merke:
- Findet sich in einem Satz ein Wort oder ein Ausdruck, der auf die Partizipgruppe hinweist, muss das Komma gesetzt werden.
- Auch nachgetragene Partizipgruppen müssen als Zusatz mit Komma abgegrenzt werden.

Über das ganze Gesicht strahlend, **so** ging die Kundin aus der Bank.
Auf diese Weise, die Zinsen senkend, bekommen wir neue Kunden.
Frau Schmidt, **früher bei uns angestellt,** ist jetzt bei der Konkurrenz.
Sie hat gekündigt, **tödlich beleidigt.**

Das Komma bei Aufzählungen

Das Komma trennt die einzelnen Glieder einer Aufzählung voneinander.

Kein Komma steht, wenn die einzelnen Glieder mit den Konjunktionen *und, oder, sowie, entweder – oder, sowohl – als auch, weder – noch* verbunden sind.

Achtung: Sind die Glieder durch entgegenstellende Konjunktionen wie *aber, jedoch, doch, sondern* verbunden, wird ein Komma gesetzt.

Wir arbeiten schnell, preiswert, zuverlässig, sauber.

Wir arbeiten schnell und preiswert **sowie** zuverlässig **und** sauber.
Sie leistet **weder** Überstunden **noch** Zusatzdienste **noch** zeigt sie eine andere Form von Engagement.

Sie arbeiten schnell, preiswert, zuverlässig und sauber, **aber** zeitaufwendig. Sie übernimmt keine Zusatzdienste, **jedoch** die Nachtschicht.

Zusätze und Nachträge

Zusätze und Nachträge werden mit Komma abgetrennt. Dies gilt für:
- Einschübe,

- Appositionen (Beifügungen),

- nachgestellte Erläuterungen, die z. B. eingeleitet werden mit *also, besonders, das heißt, insbesondere, nämlich, und zwar, vor allem, zum Beispiel.*

Am nächsten Samstag, **es ist der 9. Juli,** findet hier ein Vortrag statt.
Patrick aus dem Archiv, **ein abenteuerlustiger Weltenbummler,** und unser Redakteur Tim, **ein begeisterter Fotograf,** präsentieren Bilder ihrer letzten Reise.
Vor allem das Klima, **besonders die großen Temperaturschwankungen,** haben den beiden zu schaffen gemacht.
Die Rocky Mountains ziehen sich durch den gesamten nordamerikanischen Kontinent, **das heißt von Alaska bis New Mexiko.**

Anreden und Ausrufe werden mit einem Komma abgetrennt oder von Kommas eingeschlossen, wenn sie eingeschoben sind.

Der Abteilungsleiter: „Dieser Vortrag, **meine Herren,** war hochinteressant. **Patrick und Tim,** mein Kompliment!"

Auch ein (doppelter) **Gedankenstrich** grenzt Zusätze oder Nachträge vom übrigen Text ab.

Der Beschuldigte – es war ein bildhübscher, junger Mann – sah den Richter plötzlich an.

6 Zeichensetzung

Merke: Am Ende eines in Gedankenstrichen eingeschobenen Satzes darf kein Punkt stehen.
Ausrufe- oder Fragezeichen innerhalb von Gedankenstrichen bleiben allerdings erhalten.

Der gut aussehende Mann da drüben – es ist kaum zu glauben – ist mein Chef.
Die gut aussehende Frau da drüben – glaubt man's? – ist meine Chefin.
Der gut aussehende Mann da drüben – man glaubt es nicht! – ist mein Chef.

Auch **Klammern** können Zusätze oder Nachträge einschließen.
Satzzeichen, die zum eingeklammerten Text gehören, stehen vor der schließenden Klammer. Werden ganze Sätze eingeklammert, dann stehen auch die Satzzeichen in der Klammer.

Frankfurt (Oder)
Hemden in einer leuchtenden Farbe (grün oder blau) haben es mir angetan.
Meine Chefin (die beste überhaupt!) hat uns gestern zum Grillen eingeladen.
Die Frau ertrank. (Der Todeszeitpunkt ist nicht bekannt.)

Datums-, Zeit- und sonstige Angaben

Datums- und Zeitangaben, die aus mehreren Teilen bestehen, werden durch Kommas gegliedert.

Sie kommt am Mittwoch, den 13. März, gegen 12 Uhr(,) an. – Die Tagung beginnt am Montag, 17. Juni, um 9 Uhr.

Mehrteilige Wohnungsangaben sowie mehrteilige Literaturangaben werden ebenfalls durch Kommas gegliedert.

Die Adresse der Firma ist nicht mehr München, Hauptstraße 23, 5. Stock.
Duden, Band 1, Mannheim, 2006, S. 11.

Merke: Werden mehrteilige Datums-, Zeit-, Wohnungs- und Literaturangaben als Aufzählungen verstanden, kann das jeweils letzte Komma entfallen!

Der Artikel ist im „Spiegel", Heft 42, 2005, S. 2(,) erschienen.
Die Konferenz findet Montag, den 9. August, um 9 Uhr(,) statt.

Wörtliche Rede und Zitate

Die wörtliche Rede steht in Anführungszeichen. Der **vorangestellte Redebegleitsatz** wird mit Doppelpunkt von der wörtlichen Aussage abgetrennt. (1)
Nachgestellte/eingeschobene Redebegleitsätze werden mit Komma von der wörtlichen Rede abgetrennt. (2)
Bei Aussagesätzen in der wörtlichen Rede entfällt der Schlusspunkt. (3)

(1) Frau Müller ruft: „Nach Feierabend gehe ich zum Eishockey!"
(2) „Wer ist denn heute der Gegner der Pinguine?", fragt ihr Kollege.
„Wieso wollen Sie das wissen?", erwidert sie, „Sie interessieren sich doch sonst nicht für Eishockey."
(3) „Ich warte nur ab, ob Sie morgen wieder so schlechte Laune haben, wenn die Pinguine verloren haben", sagt er.

6.1 Komma bei Haupt- und Nebensätzen

1 Verknüpfen Sie die Sätze so miteinander, dass ein Nebensatz entsteht. Denken Sie dabei an die richtige Kommasetzung. Schreiben Sie in ein Übungsheft.

a) Frau Waller muss heute Protokoll schreiben. Sie ist topfit in der Rechtschreibung.
b) Das ist der Täter. Die Polizei hat ihn festgenommen.
c) Frau Glanz kann heute zum Meeting nicht kommen. Sie hat einen ganz wichtigen Termin.
d) Ich konnte nicht länger warten. Ich hätte mich selbst verspätet.
e) Wir werden im Herbst nach Italien fahren. Dort kann man den Weinanbau studieren.
f) Sie fahren nächste Woche nach Berlin? Wir können uns gerne treffen. Ich wohne in Berlin.

2 Hier fehlen neun Kommas. Setzen Sie sie an die richtige Stelle.

Heute war so ein richtig verflixter Morgen. Nachdem ich mich aus dem Bett gequält hatte, rutschte ich auf der Fußmatte aus. Ich rappelte mich hoch und hinkte ins Bad, das wie immer besetzt war. Meine Mitbewohnerin! Damit sie ja auch schön genug ist, steht sie immer eine halbe Stunde früher auf und nimmt das Badezimmer in Beschlag. Wirklich klasse! Wenn sie dann endlich fertig ist, kann man das Bad erst einmal nicht betreten, weil sich eine riesengroße Duftwolke in ihm ausgebreitet hat. Ich klopfte also gegen die Tür, um mich wenigstens bemerkbar zu machen. Und wie ich meiner Wut so freien Lauf ließ, durchfuhr mich ein stechender Schmerz: mein Finger! Ich musste ihn angeknackst haben. Nachdem der Schmerz nachließ, ging ich zurück ins Bett und zog mir die Decke über den Kopf. Hier kriegt mich keiner mehr raus, dachte ich mir.

83

6 Zeichensetzung

---

3 Erweitern Sie die Sätze und setzen Sie die Kommas richtig.

a) Der Chef hat keine Zeit weil _____

b) Ich mag Gedichte obwohl _____

c) Er liebt Fußball wie _____

4 Formulieren Sie die Sätze so um, dass das Komma überflüssig wird.

a) Herr Müller arbeitete noch mehr, als sein Kollege letzte Woche gearbeitet hatte.

_____

b) Herr Müller arbeitete fast so viel, wie sein Kollege letzte Woche gearbeitet hatte.

_____

c) Er kam früher, als er dies sonst zu tun pflegte, von der Arbeit nach Hause.

_____

d) Er gab das Geld aus, als wäre er ein Millionär.

_____

PRAXISTIPP Ankündigung

■ Ein **Doppelpunkt** kündigt an, dass noch etwas folgt. Das kann eine direkte Rede, eine Zusammenfassung, eine Folgerung oder Ähnliches sein.
Achtung: Das erste Wort nach einem Doppelpunkt schreibt man meist groß, wenn ein vollständiger Satz folgt, ansonsten wird nach dem Doppelpunkt kleingeschrieben:

> Wir machen Ihnen folgendes Angebot: Sie kommen in den nächsten Tagen bei uns vorbei ...
> Und die Konkurrenz tut: nichts!

■ Auch ein einfacher **Gedankenstrich** kündigt etwas Folgendes, oft etwas Unerwartetes an:

> Und die Konkurrenz tut – nichts.
> Wir haben uns abgerackert, Überstunden gemacht – umsonst.

Der **Gedankenstrich** kann übrigens auch bei Gegenüberstellungen stehen (neu – gebraucht, nicht nur – sondern auch), Redeabbrüche signalisieren („Du alter –") und zwischen zwei Sätzen stehen, um einen Gedanken- oder Sprecherwechsel anzuzeigen.

6.1 Komma bei Haupt- und Nebensätzen 6

5 Die Nebensätze sind aus den Hauptsätzen des unten stehenden Textes herausge-
nommen und im Satzspeicher gelandet. Ordnen Sie sie den Hauptsätzen wieder
zu und schreiben Sie die Satzgefüge (Hauptsatz + Nebensatz) mit der richtigen
Kommasetzung in ein Übungsheft. Achtung: Manchmal müssen Sie den Hauptsatz ein wenig umformulieren!

> die soeben über einer Akte brütet

> Damit sich ihre Kollegin ein wenig beruhigt

> die eigentlich sehr eifrig an der Fortbildung teilnimmt

> die überhaupt nicht zum Lachen aufgelegt ist

> Nachdem sie die Akte zur Seite gelegt hat

> Da Frau Hartwig immer noch wütend ist

> Wenn sich morgen nicht alle etwas mehr beteiligen

Frau Hartwig kommt heute völlig entnervt nach dem Seminar ins Büro. Ihre
Kollegin sieht sie erstaunt an. Sie schaut über den Tisch und fragt, was los sei.
Frau Hartwig schimpft laut: „Ein Wahnsinn! Wir machen drei Stunden Franzö-
sisch am Stück!" Die Kollegin versucht es mit einem Scherz. „Na und? Die armen
Leute in Frankreich machen das den ganzen Tag!" Daraufhin verlässt Frau
Hartwig ohne Worte das Zimmer.

6 Verbinden Sie die Haupt- und Nebensätze mit den passenden Konjunktionen und
setzen Sie die Kommas richtig. Kennzeichnen Sie dann den Hauptsatz und den
Nebensatz mit zwei verschiedenen Farben.

> nachdem • weil • wenn • als

Die Mutter macht ein entsetztes Gesicht _____ sie das Zwischenzeugnis

ihrer Tochter gesehen hat. „Sonja, dein Zeugnis ist eine einzige Katastrophe. Was

soll ich denn dazu sagen?" „Was du früher immer gesagt hast _____ mir

etwas Schlimmes passiert ist", schlägt ihre Tochter vor. _____ die Mutter

sich etwas beruhigt hat fragt sie: „Was habe ich da gesagt?" „Hauptsache, du bist

gesund, mein Kind _____ alles andere dagegen unwichtig ist."

85

6 Zeichensetzung

7 Setzen Sie die fehlenden Kommas.

Gestern stand in der Zeitung, dass der 1. FC schon wieder verloren hat. Viele Fans, die bis jetzt noch jede Woche zu den Meisterschaftsspielen gegangen sind, fragen sich, ob der Abstieg der Mannschaft noch zu verhindern ist. Sie diskutieren darüber, ob ein Trainerwechsel in dieser Situation sinnvoll ist. Ihre große Hoffnung ist, dass das Team auch in der kommenden Spielzeit in der Verbandsliga spielt. Mein Kollege, einer der leistungsstärksten Spieler, sagte: „Ich werde alles tun, um das Trainergespann, das wirklich gute Arbeit leistet, zu unterstützen. Wenn wir wirklich absteigen, dann wird die Mannschaft sicher auseinanderbrechen."

PRAXISTIPP Semikolon

Um zwei Hauptsätze voneinander zu trennen, kann man außer einem Komma oder einem Punkt auch ein Semikolon (Strichpunkt) setzen.
Das Semikolon trennt zwei Teilsätze stärker voneinander als ein Komma; es ist jedoch schwächer als ein Punkt. Die mit einem Semikolon getrennten Sätze sollten also inhaltlich eng miteinander verbunden sein.

---

8 Setzen Sie das Komma an die richtige Stelle.

a) Was du heute kannst besorgen, das verschiebe nicht auf morgen.

b) Wohin Sie auch schauen, Sie finden keine besseren Konditionen.

c) Ich erledige zuerst das, wozu ich Lust habe.

d) Mit welchem Stift ich unterschreibe, ist doch egal!

e) Wer schläft, sündigt nicht.

f) Ich weiß gar nicht, worüber Sie sich so aufregen!

g) Endlich kommt die Gehaltserhöhung, auf die ich schon lange warte.

h) Die Kundin fragte sich, wovon sie das bezahlen solle.

i) Weswegen Sie lachen, weiß ich nicht.

6.1 Komma bei Haupt- und Nebensätzen **6**

9 Vor *und* oder *oder:* Wo muss ein Komma stehen, wo nicht bzw. wo kann es entfallen? Setzen Sie die notwendigen Kommas.

a) Die Kundin öffnet den Safe__ und schaut sich ihre Wertsachen an.

b) Das Wasser wurde heißer__ und schließlich kochte es.

c) Zwischen den Sätzen einer Satzreihe kann ein Komma__ oder ein Semikolon stehen, oder es kann ein Punkt gesetzt werden.

d) Ich werde für die Ausstellung einkaufen, und zwar Getränke__ und belegte Brötchen.

e) Ich finde es gut, dass du gekommen bist__ und dass du noch eine Kollegin mitgebracht hast.

f) Es ist sehr kalt__ und es regnet schon den ganzen Tag.

g) Die Firma hat sich erholt__ und expandiert langsam wieder.

h) Sie müssen unbedingt kommen__ und sich den Vortrag anhören.

i) Sie müssen sich entweder für die Uni__ oder für eine Lehre entscheiden.

j) Der Urlaub ist vorbei__ und leider beginnt die Berufsschule wieder.

k) Wir schlichen uns vorsichtig__ und ohne ein Wort zu sprechen an.

l) Er sah mich an, ohne Reue zu zeigen, und lachte.

m) Ohne zu drängeln__ und ohne zu schubsen, bekommt man keinen guten Platz in den Konzerthallen__ oder in Sportstadien.

n) Hat die Chefin mich übersehen__ oder ist sie blind?

o) Nur noch wenige Tage fehlen, und dann feiern wir unser Firmenjubiläum.

p) Wir lachten, weil er komisch aussah__ und weil er rot wurde.

q) Wir zitterten, weil es kalt war, und wir froren schrecklich.

r) Du bist ganz schön faul, und das nicht nur bei diesem Projekt!

s) Wir fahren zur Messe nach Frankfurt, bleiben dort ein paar Tage__ und verbringen im Anschluss ein Wochenende im Rheingau.

t) Lesen Sie sich alle Sätze gut durch__ und setzen Sie die Kommas richtig!

6 Zeichensetzung

10 Ein Mitarbeiter der Arbeitsagentur hat Sie zu Ihren Berufszielen befragt. Erzählen Sie davon Ihrer Familie. Wandeln Sie dazu die direkten Fragen in Ihrem Übungsheft in indirekte Fragen um, achten Sie möglichst auf eine abwechslungsreiche Wortwahl und auf die Zeichensetzung.

a) „Haben Sie schon einen konkreten Berufswunsch?"

Zuerst fragte er, ob ich schon einen konkreten Berufswunsch hätte.

b) „Ist Ihnen der Verdienst wichtig?"
c) „Wie wichtig ist Ihnen eine geregelte Arbeitszeit?"
d) „Würden Sie für eine Stelle auch in eine weit entfernte Stadt ziehen?"
e) „Welche Rolle spielen Aufstiegs- und Karrierechancen bei Ihrer Berufswahl?"
f) „Gehen Sie gerne mit Menschen um oder sind Sie eher ein Schreibtischhocker?"
g) „Können Sie Kunden zum Kauf eines bestimmten Produkts motivieren?"
h) „Sind Sie körperlich fit und würde Ihnen schwere körperliche Arbeit nichts ausmachen?"
i) „Haben Sie Mut, Neues auszuprobieren und ungewöhnliche Wege zu beschreiten?"
j) „Was wäre Ihnen am wichtigsten bei Ihrem zukünftigen Chef oder Ihrer zukünftigen Chefin?"

PRAXISTIPP Indirekter Fragesatz

Indirekte Fragesätze werden mit einem Fragewort (dem gleichen wie in der direkten Frage) oder mit der Konjunktion *ob* eingeleitet.
Beginnt die direkte Frage mit einem Fragewort, bleibt dieses erhalten. Wandelt man Fragen, bei denen die Personalform des Verbs am Anfang steht, in indirekte Fragen um, so werden diese durch *ob* eingeleitet!

„Wann kommt der Kunde?" → Er fragte, wann der Kunde komme.
„Kommt der Kunde heute?" → Er fragte, ob der Kunde heute komme.

Die Personalform des Verbs, die in der direkten Frage am Anfang oder an zweiter Stelle steht, kommt immer ans Ende des indirekten Fragesatzes.

Zwischen der indirekten Frage und dem Begleitsatz steht ein Komma; ist die indirekte Frage eingeschoben, wird sie in Kommas eingeschlossen.

Der Indikativ (Wirklichkeitsform des Verbs) wird häufig in den Konjunktiv (Möglichkeitsform) verwandelt.

„Haben Sie Erdbeeren?" → Die Kundin fragte, ob wir Erdbeeren haben.
Die Kundin fragte, ob wir Erdbeeren hätten.
„Wie hoch sind die Zinsen?" → Der Kunde fragte, wie hoch die Zinsen seien.

6.2 Komma bei Infinitivgruppen und Partizipgruppen

11 Unterstreichen Sie die Infinitivgruppen in den folgenden Sätzen und entscheiden Sie, ob man ein Komma setzen muss oder nicht. Begründen Sie knapp Ihre Entscheidung.

a) In der Jungsteinzeit benutzten die Menschen Werkzeuge aus Stein, um ihre Arbeiten zu verrichten.

Begründung: _____

b) Die Männer waren dazu übergegangen, an ihren Pfeilen Spitzen aus Feuerstein zu befestigen.

Begründung: _____

c) Für die Frauen war es durch die Verwendung von Mahlsteinen möglich, das Korn zu mahlen.

Begründung: _____

d) Auf den kleinen Äckern in der Nähe der Siedlung, pflegten die Frauen und Männer, mit gezähnten Feuersteinschneiden das Getreide zu schneiden.

Begründung: _____

e) Die Männer, gaben sich beharrlich Mühe Baumstämme mit Steinbeilen zu bearbeiten und zu zerkleinern.

Begründung: _____

12 Setzen Sie die notwendigen Kommas. Klammern Sie die Kommas ein, die man setzen kann, aber nicht setzen muss.

a) Anstatt sich zu bedanken, ging der Kunde wortlos hinaus.

b) Es ist seine Aufgabe, gebraucht zu werden.

c) Vor Kurzem erst gekauft, war das Gerät bereits in der Reparatur.

d) Wir sind gekommen, um uns ein neues Auto zu kaufen.

e) Er glaubte, etwas zu hören.

89

6 Zeichensetzung

f) Sie stand, vollkommen verärgert und frustriert in der Halle.

g) So ist es, kein Geld zu haben.

h) Kein Geld habend, kommen Kunden, um Aktien zu kaufen.

PRAXISTIPP — Infinitivgruppen ohne Komma

Wenn die Infinitivgruppe von einem **Hilfsverb** (*haben, sein, werden*) oder von den wie Modalverben gebrauchten Verben *brauchen, pflegen, scheinen* abhängig ist, wird sie im Allgemeinen nicht durch ein Komma abgetrennt:
> Du brauchst mir nicht zu antworten.
> Sie pflegte jeden Montag zu uns ins Geschäft zu kommen.
> Er schien im Verkauf nicht mehr tragbar zu sein.
> Die Tropfen sind auf Zucker einzunehmen.

Auch wenn die Infinitivgruppe mit dem übergeordneten Satz in irgendeiner Weise verschränkt ist, steht kein Komma:
> Diesen Vorgang wollen wir zu erklären versuchen.
> Den genannten Betrag bitten wir auf unser Konto zu überweisen.

---

13 Bilden Sie aus den angegebenen Substantiven und Infinitiven sinnvolle Infinitivgruppen, schreiben Sie den Text in ein Übungsheft und entscheiden Sie dabei, ob Sie ein Komma setzen müssen oder nicht.

Berufe + kennen	so monotone Aufgaben + verrichten
Mahlsteine + drehen	Mahlsteine + bewegen
Erkenntnisse + gewinnen	Bäckerei + ausgraben
viele einfache Tätigkeiten + mit den Händen erledigen	

a) Die Römer scheinen schon viele ...

Die Römer scheinen schon viele Berufe gekannt zu haben.

b) Sowohl aus antiken Berichten als auch anhand von Wandmalereien oder Ausgrabungen kann man versuchen ...

c) In Pompeji ist es Wissenschaftlern gelungen ...

d) Dort hatten Sklaven die Aufgabe ...

e) Sie waren den ganzen Tag gezwungen mit Holzbalken, die in die Ränder gesteckt wurden ...

f) Zahlreiche Sklaven hatten ihr Leben lang das Los ...

g) Auch während des ganzen Mittelalters waren es die Menschen gewohnt ...

6.3 Komma bei Aufzählungen und Vergleichen **6**

14 Finden Sie jeweils ein hinweisendes Wort, mit dem die Partizip- bzw. Infinitiv-gruppe angekündigt wird, und setzen Sie es in die Lücken ein. Setzen Sie dann das Komma richtig ein.

a) _____ steht unser Name von guter Qualität zu sein.

b) _____ ging der Patient dahin geheilt und ohne Beschwerden.

c) Es war _____ wie der Kunde es sich vorgestellt hatte.

d) Er hatte nicht _____ gedacht die Unterlagen mitzunehmen.

e) Richtig frankiert _____ kommt der Brief auch an.

6.3 Komma bei Aufzählungen und Vergleichen

15 Setzen Sie die Kommas richtig.

Zu den Aufgaben eines Schriftsetzers gehört die Gestaltung von Drucksachen wie zum Beispiel Zeitschriften Katalogen Büchern und Formularen mit den Elementen Schrift Bild Farbe und Grafik. Schriftsetzer führen Texte Bilder und andere Gestaltungselemente am Computer zusammen. Ihren Arbeitsplatz haben Schriftsetzer in Setzereien Textverarbeitungsbetrieben aber auch in Druckereien. Darüber hinaus können sie in Verlagen Grafikbüros Medienagenturen sowie in Werbeabteilungen größerer Unternehmen tätig sein.

16 Fügen Sie die Kommas richtig ein. Kommas, die gesetzt werden können, aber nicht gesetzt werden müssen, klammern Sie dabei ein.

a) Sie wohnt in Heidelberg Philosophenweg 27.

b) Nächste Sitzung: Freitag den 31. Januar um 15.00 Uhr im Konferenzraum.

c) Ich zitiere aus der Brockhaus Enzyklopädie 21. Auflage Band 14.

d) Der Artikel ist in der „Zeit" Ausgabe 52 2007 S. 14 erschienen.

6 Zeichensetzung

17 Achten Sie auf die nebenordnenden und entgegenstellenden Konjunktionen und setzen Sie die Kommas richtig.

a) Heute muss ich noch meine Frau von der Firma abholen, das Geschirr spülen und die Wäsche machen aber saugen oder bügeln muss ich nicht mehr.

b) Sie sollten für dieses Projekt keine Anzeigenkampagne entwerfen sondern ein Werbeplakat.

c) Unsere Abteilung macht dieses Jahr am Sommerfest weder Waffeln noch Kaffee aber Kuchen.

> **PRAXISTIPP** | Komma bei Vergleichen mit *als, wie, so – wie*
>
> ■ Kein Komma steht, wenn Satzteile miteinander verknüpft werden:
> Ich arbeite genauso schnell wie mein Kollege.
> Wir sind besser als die Konkurrenz.
>
> ■ Ein Komma steht, wenn der Vergleich ein Nebensatz ist:
> Die Bilanz ist besser ausgefallen, als wir erwartet hatten.
> Das Ergebnis ist so, wie wir es vorhergesehen hatten.

---

18 Komma oder nicht? Entscheiden Sie und setzen Sie ein, wenn nötig.

a) Ich bin beim Kassieren besser als du und im Lager so gut_ wie du. *Kein Komma*

b) Du schreibst die Zahlen, wie dein Vorgänger sie schrieb.

c) Bitte kleiden Sie sich so, wie wir es von Ihnen verlangen.

d) Ich benehme mich nicht so schlecht, wie er. *Kein Komma*

e) Ich brauche dazu weniger Zeit, als ich gedacht habe.

f) Meine Kollegin ist lieber am Schreibtisch_ als bei Kunden.

g) Ich mache lieber eine Lehre, als dass ich zur Uni gehe.

h) Er tut so, als hätte er nichts gehört.

i) Das Gerätehaus brennt ja_ wie Zunder.

j) Du weißt ja gar nicht, wie du mich nervst.

92

6.3 Komma bei Aufzählungen und Vergleichen **6**

PRAXISTIPP | **Adjektiv und Substantiv als Gesamtbegriff**

Bei Aufzählungen ohne verbindende Konjunktion steht dann kein Komma, wenn das letzte Adjektiv der Aufzählung mit dem folgenden Substantiv einen Gesamtbegriff bildet. Wenn man *und* zwischen die Adjektive setzen könnte, muss ein Komma stehen – sonst nicht!

Am liebsten esse ich frischen holländischen Käse.
Ich trinke gerne kalte, frische bayerische Milch.
Ich habe eine alte elektrische Eisenbahn geerbt.

---

19 Komma oder nicht? Setzen Sie welche, wenn nötig.

a) In der Berufsschule stehen die Fächer Deutsch, Englisch, Biologie, Chemie sowie Mathematik auf dem Stundenplan.

b) Wir trinken gerne trockenen_ französischen Wein.

c) Ich freue mich auf ein paar ruhige, erholsame Tage.

d) Ich bin nicht nur satt, sondern auch müde.

e) Sie können mich leider weder heute noch morgen anrufen.

f) Unser Vorstand macht immer wieder neue_ taktische Fehler.

g) Der neue Kollege ist zwar gut, aber laut_ und anstrengend.

h) Sowohl der Ausbilder als auch der Lehrer lobten ihn sehr.

i) Ich gehe entweder in die Pizzeria oder bleibe hier_ und esse das Menü.

---

20 Setzen Sie wiederum die Kommas, falls sie nötig sind.

Für meine Dienstreise habe ich den kleinen spanischen Sprachführer und einen dünnen, spannenden Krimi eingepackt. Der dicke spannende Krimi wäre für die zwei, drei Tage zu lang. Außerdem habe ich für die heftigen parlamentarischen Debatten noch das gute dunkle Jackett in meinen neuen blauen Reisekoffer gepackt. Ich habe zwar noch den alten blauen Koffer, aber ich nehme lieber den neuen mit, der ist leichter, praktischer und eleganter.

93

6 Zeichensetzung

6.4 Komma bei Zusätzen, Erläuterungen und Beisätzen

21 Verbinden Sie die beiden Sätze zu einem Satz mit Apposition. Benutzen Sie dazu ein zusätzliches Übungsheft.

a) Peter und Marc sind zwei Abenteurer aus Schalksmühle. Sie brechen auf zu einer Reise nach Sibirien.

   Peter und Marc, zwei Abenteurer aus Schalksmühle, brechen zu einer Reise nach Sibirien auf.

b) Kartoffeln, Eier, Öl, Essig, Salz und Pfeffer müssen wir morgen für die Jubiläumsfeier vorrätig haben, Das sind die Zutaten für einen Kartoffelsalat.

c) Unsere Praktikantin ist ein großer Fan von Robbie Williams.
   Sie hat auf ihrem Schreibtisch ein Poster des Superstars liegen.

d) Viele Sportbegeisterte schauen zu, wenn ihre Lieblingssportarten im Fernsehen übertragen werden. Am liebsten sehen sie Fußball und Tennis.

22 Setzen Sie die Zusätze und Nachträge sowie die notwendigen Kommas ein.

> zum Beispiel Yoga • ich habe sie vor einem Monat gekauft •
> dem 6. Dezember • ~~und zwar das gelbe~~ •
> insbesondere die Neuerscheinungen • er ist leicht aufbrausend

a) Eines der Häuser, *und zwar das gelbe*, ist ein Objekt, das wir betreuen.

b) Unsere Firma bietet nun auch Sportkurse an, *zum Beispiel Yoga.*

c) Unser Abteilungsleiter, *er ist leicht aufbrausend,* hat heute besonders schlechte Laune.

d) Die Buchlieferungen werden immer umfangreicher, *insbesondere die Neuerscheinungen.*

e) Die Briefumschläge, *ich habe sie vor einem Monat gekauft,* sind schon wieder alle.

f) Am Mittwoch, *dem 6. Dezember,* ist unser nächster Jour fixe.

94

6.4 Komma bei Zusätzen, Erläuterungen und Beisätzen   6

PRAXISTIPP | Komma in Briefen (Anrede und Schluss)

Nach der **Briefanrede** steht ein Komma (statt des Kommas kann man auch ein Ausrufezeichen setzen, das wird aber nur noch selten gemacht):

Sehr geehrte Damen und Herren, ...   Liebe Hanna, ...

Die Grußformel am **Briefschluss** steht ohne Punkt, Komma oder Ausrufezeichen, es sei denn, sie wird in den Briefschluss einbezogen:

Mit freundlichen Grüßen	Ich hoffe, Ihnen damit geholfen zu haben,
Ihre	und verbleibe
...	mit freundlichen Grüßen
	...

---

23 Bilden Sie aus zwei Sätzen einen Satz, indem Sie den zweiten Satz einschieben. Achten Sie auf die richtige Zeichensetzung. Schreiben Sie in Ihr Übungsheft.

a) Unser Vorgesetzter hat das Projekt weiter vorangetrieben. Obwohl niemand mit der Richtung einverstanden war!

Unser Vorgesetzter hat das Projekt – obwohl niemand mit der

Richtung einverstanden war! – weiter vorangetrieben.

b) Viele Kollegen haben da protestiert und wollen nicht mehr weiter mitmachen. Was ich gut verstehen kann!

c) Und das Ganze sollte ein Prestigeprojekt für unsere Firma werden. Ist das zu glauben?

d) Ich werde mich beim Geschäftsführer beschweren. Mit ihm kann man nämlich reden.

---

24 Setzen Sie die fehlenden Kommas ein.

Meine Kolleginnen gehen manchmal gemeinsam mit mir und zwei weiteren Kolleginnen aus dem Archiv Nele und Julia ins Schwimmbad. Während sie mit Nele der Praktikantin zum Whirlpool gehen, sind Julia und ich lieber im Aktionsbecken. Julia und ich können als Besitzerinnen mehrerer Schwimmabzeichen sehr gut schwimmen. Julia kann besonders gut kraulen, während ich schneller im Rückenschwimmen bin. Auch im Tauchen sowohl im Ausdauer- als auch im Tieftauchen sind wir beide geübt.

6 Zeichensetzung

6.5 Zeichensetzung bei wörtlicher Rede und bei Zitaten

25 Setzen Sie die fehlenden Satzzeichen und die Zeichen der wörtlichen Rede ein.

a) Wenn ich das geahnt hätte hätte ich Ihnen das Projekt sicher nicht übergeben schimpfte der Projektleiter

b) Nein betonte der Mann das Geschäft bleibt geschlossen

c) Was wollen Sie nun eigentlich kaufen fragte ich die Kundin

d) Gib mir mal die Unterlagen bat mich Klaus

e) Ist es wirklich wahr fragte sie entgeistert dass die Filiale schließt

f) Die Köchin rief Das Essen kann serviert werden

g) Der Chef de Cuisine erklärte Einen Aperitif trinkt man vor dem Essen

h) Der Digestif fuhr der Küchenmeister fort kommt nach dem Essen

i) Sicher klappt es nächste Woche versprach die Sekretärin der Anruferin

j) Kannst du mir mal helfen bat der Praktikant

PRAXISTIPP | Korrektes Zitieren

Unter einem **Zitat** versteht man die wörtliche (!) Übernahme eines Satzes oder eines längeren Abschnitts. Indem Sie wiedergeben, was maßgebliche Personen gesagt oder geschrieben haben, können Sie eine Behauptung oder Ihre eigene Meinung belegen.

■ Das Zitat wird in Anführungszeichen gesetzt.
■ Es muss wörtlich und originalgetreu übernommen werden, auch bei orthografischen Besonderheiten und alter Rechtschreibung.
■ Auslassungen werden durch eckige Klammern mit Auslassungspunkten kenntlich gemacht.
■ Werden zum besseren Verständnis Anmerkungen des Verfassers in das Zitat eingebunden, so werden diese durch eckige Klammern und mit dem Zusatz „d. Verf." (= der Verfasser / die Verfasserin) gekennzeichnet.

    Nach wie vor aktuell ist der Spruch Hoffmann von Fallerslebens: „Der größte Lump im ganzen Land, das ist [...] der Denunziant [= ein Verräter, d. Verf.]."

Zitat im Zitat: Wenn man in wörtlicher Rede den Redebeitrag eines anderen wiedergeben möchte, setzt man sogenannte halbe Anführungszeichen.

6.5 Zeichensetzung bei wörtlicher Rede und bei Zitaten 6

26 Unterstreichen Sie die Redebegleitsätze.

Seltsamer Spazierritt (nach Johann Peter Hebel)

Ein Mann reitet auf seinem Esel und lässt seinen Jungen nebenherlaufen. Da kommt ein Wanderer und schaut das Paar verwundert an. „Das ist nicht recht, Vater", schimpft er, „dass Ihr reitet und den Jungen laufen lasst. Ihr habt stärkere Glieder." Da steigt der Vater ab und lässt den Sohn reiten. Wieder kommt ein Wandersmann. Er spricht: „Das ist nicht recht, Junge! Steig ab und lass deinen alten Vater auf den Esel! Du hast jüngere Beine." Da saßen beide auf und ritten eine Strecke. Abermals begegnet ihnen ein Wandersmann. „Was für eine Tierquälerei, zwei Kerle und ein so schwaches Tier! Steigt sofort ab!", ruft er. Da steigen beide wieder ab und gehen neben dem Tier her, der eine links, der andere rechts und in der Mitte der Esel. Schließlich kommt ein vierter Wanderer. „Ihr seid drei kuriose Gesellen", wundert er sich. „Reicht es denn nicht, wenn zwei zu Fuß gehen?" Da bindet der Vater dem Esel die vorderen Beine zusammen und der Sohn die hinteren. Sie ziehen einen starken Baumstamm hindurch und tragen den Esel auf den Schultern nach Hause.

27 Fügen Sie in die Diskussion über die Geschichte alle fehlenden Satzzeichen ein.

a) „Mir gefällt die Geschichte überhaupt nicht!" fängt Peter an.

b) „Warum?" fragt Katrin nach. „Ist doch wirklich lustig, dass die beiden sich so durch andere verunsichern lassen."

c) „Und außerdem", fügt Maria hinzu, „ist die Vorstellung, dass ein Esel getragen wird, echt komisch."

d) „Aber die ganze Zeit passiert immer dasselbe: Ein Wanderer kommt, ein Wanderer kommt und so weiter", meckert nun auch Tom.

e) „Ach, ihr Männer habt doch keine Ahnung!", ereifert sich Verena. „Ihr wisst doch gar nicht, was eine gute Geschichte ...

6 Zeichensetzung

28 Der neue Volontär hat ein Interview mit der Sekretärin seiner ehemaligen Schule geführt. Im Satzspeicher sehen Sie das, was er sich während des Interviews aufgeschrieben hat. Für die Zeitung fasst er das Interview zusammen. Um seinen Beitrag möglichst lebendig zu gestalten, lässt er viele Zitate einfließen. Ergänzen Sie die fehlenden Passagen als wörtliche Zitate.

> Ich bin ein bisschen aufgeregt, das Gespräch mit Ihnen ist nämlich mein erstes richtiges Interview.

> Als die Stelle hier an der Schule ausgeschrieben war, hatte ich eigentlich einen gemütlichen Job beim Bauamt.

> Worauf ich mich besonders gefreut habe, das war das weitgehend selbstständige Arbeiten und der Kontakt zu den Jugendlichen.

> In den letzten Wochen der Sommerferien müssen alle Klassenlisten neu erstellt oder überarbeitet werden.

> Ich fühle mich an dieser Schule wirklich sauwohl, vor allem die jährlichen Schulfeste sind für mich immer wieder ein tolles Erlebnis.

Frau Heinz, die nun schon neun Jahre an dieser Schule ist, hat mir letzte Woche ihr __erstes richtiges Interview__ gegeben. Als die Stelle an dieser Schule ausgeschrieben war, hat sie sich, die _____ hatte, entschlossen, in die Schule zu gehen. Neben dem selbstständigen Arbeiten hat sie besonders der __zu den Jugendlichen Kontakt__ gereizt. Leider hat sie nicht so lange Ferien wie die Schülerinnen und Schüler, weil gerade vor Beginn des neuen Schuljahrs __neu erstellt oder überarbeitet werden__ müssen. Insgesamt fühlt sie sich an der Schule jedoch __sauwohl__, besonders die jährlichen Schulfeste sind für sie __immer wieder ein tolles Erlebnis__.

7 Worttrennung am Zeilenende

Wörter können am Zeilenende getrennt werden. In der Regel erfolgt die Trennung gemäß den Sprechsilben, d. h., mehrsilbige Wörter trennt man so, wie sie sich beim langsamen Vorlesen in Silben zerlegen lassen.

Ak-te, Blät-ter, Ma-le-rin, Zin-sen, Na-ti-o-na-li-tät
zeich-nen, has-tig, aus-drucks-stark

Das gilt prinzipiell auch für Fremdwörter.

Mag-net, Tou-rist, Co-py-right

Steht ein einzelner Konsonant (Mitlaut) zwischen zwei Vokalen (Selbstlauten), so kommt er in die nächste Zeile.

sa-gen, Kri-mi, Fra-ge, glau-ben, Ma-na-ger

Stehen mehrere Konsonanten zwischen zwei Vokalen, so steht gewöhnlich der letzte von ihnen in der folgenden Zeile.

Wet-ter, hän-gen, Städ-ter, bers-ten, Fis-kus, Fens-ter, Part-ner

Die Konsonantenverbindungen *ch, ck* und *sch* bleiben ungetrennt, ebenso *ß, ph* und *th*.

Bü-cher, Be-cher, le-cker, Zu-cker, ba-cken, Bä-cker, Fla-sche, Wä-sche
Grü-ße, Phos-phor, Ma-the

Komplexe Wörter

Zusammengesetzte Wörter (Komposita) und Wörter mit Vorsilben werden nach ihren Bestandteilen getrennt.

Diens-tag, Brief-mar-ke, Sweat-shirt, Blu-men-topf-er-de
ver-eist, ge-reist, Pro-gramm

Manche Wörter gelten nicht (mehr) als Komposita und können daher auch nach Sprechsilben getrennt werden.

hi-nauf, he-raus, wa-rum /
hin-auf, her-aus, war-um

Beginnt ein Suffix (Nachsilbe) mit einem Vokal, so nimmt es bei der Trennung den vorhergehenden Konsonanten mit in die nächste Zeile

Ausbilde-rin, Metzge-rei, Einla-dung

Trennungen, die den Leseablauf stören oder den Wortsinn entstellen, sollte man vermeiden.

Man trennt also besser:
Spar-gelder statt Spargel-der
be-inhalten statt bein-halten

7 Worttrennung am Zeilenende

1 Setzen Sie die falsch getrennten und durcheinandergeratenen Wörter in einem Übungsheft wieder zusammen. Zeichnen Sie die richtigen Trennstellen ein.

> Top- • -schen • bis- • -tamtlich • Os- • Mat- • Ver- • versch- •
> -ließen • -flappen • -ränderung • -lerfolg • Ve- • haup- • Tei- •
> En- • -schwetter • -anda • -teignung • -talpen

PRAXISTIPP Einzelbuchstaben

Ein einzelner **Vokalbuchstabe am Wortanfang oder -ende** wird nicht abgetrennt. Also nicht: A-bend, o-der, U-fer.

Das Gleiche gilt für Teile von Zusammensetzungen, die klar erkennbar sind. Man trennt also: Vor-abend, Rhein-ufer, Über-see, Olym-pia-dorf.

Im Wortinneren jedoch darf ein einzelner Buchstabe abgetrennt werden (wenn er nicht zu einem erkennbaren Teil einer Zusammensetzung gehört), also: po-e-tisch, The-a-ter.

---

2 Trennen Sie die Silben folgender Wörter durch Längsstriche.

Ei|sen|bahn|wa|gen	Seenplatte	Schifffahrt
vorerst	dagegen	Wecker
Protokollant	darüber	Interesse
Haltestelle	Voraussetzung	schwitzen
Schwimmmeister	Aktienkurs	Ausstellung
Brauerei	Karpfen	Wespe
kämpfen	Abschrift	Wanderer
Finger	Trainee	warten
Balletttänzerin	Gemüseeintopf	sitzen
Musikinstrument	Aktendeckel	beschweren
Mathematikbuch	Radieschen	Ruine

7 Worttrennung am Zeilenende 7

3 Beginnen Sie jeweils mit der zweiten Silbe eines Wortes das nächste Wort, bis sich am Ende der Kreis schließt.

a) geometrische Figur: Ke_____-_____

b) laut schrillen: _____-_____

c) Teil eines Fahrrads: _____-_____

d) Leuchte aus Wachs: _____-_____

e) die Null beim Roulette: _____-_____

f) Gewand der Richter: _____-_____

g) Putzgerät: _____-_____

h) talartige Niederung: _____-_____

i) geometrische Figur: _____- gel_____

PRAXISTIPP   Sinnvolle Trennungen

Besonders misstrauisch muss man bei der Trennhilfe von Textverarbeitungs-
programmen des Computers sein. Manchmal sind die dort vorgeschlagenen
Trennungen schlicht falsch, manchmal nur sinnentstellend; in jedem Fall sollte
man die automatischen Trennungen kontrollieren.
   Ein Computer trennte so: Urin-sekt
   Das ist zwar nicht falsch, aber wenig appetitlich!
   Besser wäre: Ur-insekt

---

4 Formen Sie aus den folgenden unsinnigen Wörtern sinnvolle Verbindungen und trennen Sie sie dort, wo die Wörter in der Zusammensetzung zusammentreffen!

Gasstück • Rastgeschäft • Haustank •
Beweisspiel • Gasttür • Verluststätte

_____ Gas -tank_____   _____-_____

_____-_____   _____-_____

_____-_____   _____-_____

101

7 Worttrennung am Zeilenende

PRAXISTIPP Trennung von Fremdwörtern

Fremdwörter können entweder nach den deutschen Regeln (Trennung nach
Sprechsilben bzw. Trennung bei Konsonantenhäufung) oder nach der
Herkunftssprache, d. h. nach der Bedeutung der einzelnen zusammengesetzten
Wortbestandteile in der Herkunftssprache, getrennt werden.

   Pub - li - kum / Pu - bli - kum
   Dip - lom / Di - plom
   In - te - res - se / In - ter - ess - se

Fremdwörter können auch aus zwei (Fremd-)Wörtern oder einer Vorsilbe und einem
Fremdwort zusammengesetzt sein. In diesem Fall werden die Bestandteile
voneinander getrennt wie bei deutschen Wörtern auch.

   kapital-intensiv (Fremdwort + Fremdwort)
   in-akzeptabel (Vorsilbe + Fremdwort)

---

5 Bilden Sie aus den unten stehenden Silben folgende Fremdwörter.
     Achtung: Die Wörter sind nach den deutschen Regeln getrennt!

> ~~Mag-~~ • -lio- • -nak • Zent- • -pi- • -narch • ~~-net~~ • Bib- • Kog- •
> Exa- • -thek • In- • Hos- • Mo- • -rum • Prob- • -gramm •
> -rik • -res- • Te- • -lem • Fab- • -te- • -se • -tal • -le- • -men

Körper, der Eisen anzieht: _Mag-net_

Krankenhaus: _____

Abschlussprüfung: _____

Bücherei: _____

alkoholisches Getränk: _____

Mittelpunkt: _____

König: _____

Aufmerksamkeit: _____

Schwierigkeit: _____

Industriebetrieb: _____

Eilbotschaft: _____

102

7 Worttrennung am Zeilenende

6 Ordnen Sie die folgenden Fremdwörter der richtigen Definition in der Tabelle zu und zerlegen Sie sie dann in Silben.

Chiffre • Magnet • Persiflage • Zyklus • Industrie

Definition	Fremdwort	Silbentrennung
sich regelmäßig wiederholender Ablauf:		
Körper, der eisenhaltige Stoffe anzieht:		
Gesamtheit der Fabrikbetriebe:		
Kennziffer für Zeitungsanzeigen:		
geistreiche Verspottung:		

7 Formen Sie aus den folgenden Fremdwortbestandteilen und Vorsilben sinnvolle Fremdwörter.
Achten Sie dabei auch auf die Groß- und Kleinschreibung!

bi- • syn- • pro- • ir- • an- • des- • in- • anti-	-gramm • -autorität • -interesse • -kathete -offiziell • -chron • -real • -lateral

103

8 Abschlusstest

Dieser Test umfasst alle Bereiche der Rechtschreibung, sodass Sie nun Ihr Wissen zu allen Themen dieses Übungsbuchs komprimiert überprüfen können.

1 Groß oder klein? Setzen Sie ein und begründen Sie Ihre Entscheidung.

a) Der K lügste kann das Rätsel lösen.

Begründung: _substantiviertes Adjektiv_

b) Die Akten habe ich ___eute ___orgen zu Ende gelesen.

Begründung: _____

c) Das ___eiten ist ihr größtes Hobby.

Begründung: _____

d) ___ittags werde ich immer müde.

Begründung: _____

e) Immer werde ich ___ittags müde.

Begründung: _____

f) Am ___ienstagnachmittag findet die nächste Sitzung statt.

Begründung: _____

g) Sie benehmen sich, als wären Sie im ___ilden Westen.

Begründung: _____

2 Kann man sich ein fehlendes Substantiv hinzudenken? Setzen Sie es, falls möglich, ein und entscheiden Sie, ob das Adjektiv groß- oder kleingeschrieben wird.

a) Die großen Fische fressen die k leinen (Fische).

b) Mir ist ein strenger Ausbilder lieber als ein ___utmütiger (_____).

c) Ich esse lieber ein weiches Ei als ein ___artes (_____).

d) Ich bin der ___este (_____).

e) Der ___leißige (_____) wird mit Erfolg belohnt.

8 Abschlusstest 8

3 Schreiben Sie die Ziffer in der richtigen Schreibweise aus.

a) Wir mussten uns (4) _____ lange Vorträge anhören.

b) Wir (2) _____ wissen, worum es geht.

c) Um zur Messe zu kommen, müssen Sie die (6) _____ nehmen.

d) Zum Skat braucht man (3) _____ Spieler.

e) Früher galt die (13) _____ als Unglückszahl.

f) Unsere älteste Kundin ist schon über (90) _____ .

g) Wie spät ist es? Gleich (12) _____ .

h) Im Verkauf ist er wirklich keine (0) _____ .

i) Sie strömten zu (1000en) _____ zur Wiedereröffnung.

j) 2 005 467: _____

4 Erklären Sie anhand der folgenden Wortverbindungen die Regeln zur Getrennt-
und Zusammenschreibung.

a) arbeiten gehen, schweißen lernen:

_____

b) Rad fahren, Computer spielen:

_____

c) heimbringen, stattgeben:

_____

d) rotäugig, mehrdeutig:

_____

e) arbeitsintensiv, anspruchsvoll:

_____

f) schönreden, schön reden:

_____

8 Abschlusstest

5 Unterstreichen Sie die jeweils richtige Schreibweise.

Der rettende Einfall

Irgendwo / irgend wo im staubtrockenen / staub trockenen Nordafrika spielte

sich einmal folgende aufsehenerregende / Aufsehen erregende Geschichte ab:

Notleidende / Not leidende Eingeborene fingen einen Missionar und wollten alles

daransetzen / daran setzen, ihn umzubringen / um zu bringen. Nach der Stam-

messitte / Stammes Sitte sollte der Gefangene die Todesart selbst bestimmen,

und zwar dadurch / da durch, dass er eine Behauptung aufstellte / auf stellte. Der

Medizinmann erklärte ihm: „Wenn ich deine Behauptung als wahr anerken-

ne / an erkenne, dann wirst du mit vergifteten Pfeilspitzen getötet. Betrachte ich

sie dagegen als Lüge, dann musst du im Feuer zugrundegehen / zugrunde

gehen." Der Missionar überlegte einige minutenlang / einige Minuten lang,

nachdem man ihm die Bedingungen bekanntgegeben / bekannt gegeben hatte.

Dann hatte er einen guten Einfall. Er formulierte seine Antwort so, dass es

unmöglich war, ihn umzubringen / um zu bringen.

Soweit / so weit ich weiß und soviel / so viel ich gehört habe, ließen sie ihn

tatsächlich laufen! *(Was hat er gesagt? Sehen Sie bei den Lösungen nach.)*

6 Trennen Sie die Wörter voneinander und schreiben Sie den Satz richtig auf.

a) sobaldichachtzehnwarlernteichautofahren.

_____

b) dasautofahrenmachtmirgroßenspaß.

_____

c) bringensiefraumeierdochbittenachhause.

_____

d) dasnachhausebringenmachtmirnichtsaus.

_____

106

8 Abschlusstest

7 Haken Sie alle Sätze ab, die richtig geschrieben sind. Kennzeichnen Sie bei den anderen Sätzen die Fehler. Schreiben Sie die anzuwendende Regel dazu.

a) Bald werden wir wieder beisammensein.

_____

b) Der Rettungsdienst fand ihn Stock steif auf dem Boden.

_____

c) Die Unterlage ist butterweich.

_____

d) Nun ist Ihr Hemd wieder strahlendweiß.

_____

e) Ob gleich ich morgen früh aufstehen muss, werde ich noch fernsehen.

_____

8 Geben Sie je fünf Wortbeispiele zur Dehnung bzw. Schärfung.

a) Dehnung durch Doppelvokal: _____

_____

b) Dehnung durch Dehnungs-h: _____

_____

c) Dehnung durch Dehnungs-e nach i: _____

_____

d) Dehnung ohne Dehnungszeichen: _____

_____

e) Schärfung durch Konsonantenverdoppelung: _____

_____

f) Schärfung durch ck und tz: _____

_____

g) Schärfung durch Konsonantenhäufung: _____

_____

8 Abschlusstest

9 *dass* oder *das*? Setzen Sie richtig ein.

Das Theaterstück, _____ die Anwärter und Anwärterinnen der Schauspielschule

gestern aufführten und _____ zunächst auch ganz spannend war, wurde für die

Zuschauer am Ende völlig langweilig, weil einige _____ Stück offensichtlich

nicht gut kannten und viele Fehler machten. Man sah ihnen an, _____ sie sehr

unsicher waren. Sicherlich hofften sie oft, _____ der Vorhang bald wieder

zugezogen würde. Außerdem goss der Kellner der Hauptdarstellerin _____

Wasser, _____ sie bestellt hatte, über das Kleid. _____ _____ erst kurz vor

dem Ende des Stückes passierte, tröstete die Darstellerin auch nicht. _____

Publikum applaudierte hinterher eher aus Höflichkeit als vor Begeisterung.

10 Setzen Sie ein: *d, t, dt, tt*

Sta___teil	En___schluss	unen___lich
ansta___	en___gleisen	En___spurt
Lagerstä___e	Kreisstä___e	En___station
En___fernung	en___gültig	en___los
sta___bekannt	Gaststä___e	sta___lich

11 Bilden Sie aus den Silben durch das Anhängen von *-and, -end, -ant* oder *-ent*
Wörter. Bilden Sie dann den Plural und erläutern Sie kurz, was sie bedeuten.

Divid_____ : Pl.:_____ _____

Absolv_____ : Pl.:_____ _____

Doktor_____ : Pl.:_____ _____

Praktik_____ : Pl.:_____ _____

Dezern_____ : Pl.:_____ _____

Spekul_____ : Pl.:_____ _____

Konfirm_____ : Pl.:_____ _____

8 Abschlusstest

12 Setzen Sie richtig ein: *dass* oder *das, seit* oder *seid, end-* oder *ent-?*

Versunkene Legende

Niemand hätte damit gerechnet, _____ die Titanic, _____ größte Luxusschiff

seiner Zeit, einmal sinken würde. Als sie 1912 endlich aus dem Hafen auslief,

verließ man sich auf die weitverbreitete Annahme, _____ sie unsinkbar sei. Es

_____sprach dem Denken der Zeit, _____ die Menschen sich für unfehlbar

hielten. _____ der Erfindung der Dampfschiffe glaubten alle, _____ das Reisen

auf dem Meer immer sicherer würde. _____lose und ungewisse Reisen wurden

nun planbar. Niemand hörte auf die Schiffbauer, die immer wieder warnten:

„_____ vorsichtig!" Das Meer, _____ die Menschen schon immer begeisterte,

war für sie nun ein Verkehrsweg wie jeder andere. _____gegen aller Vor-

aussagen kam es dann jedoch zu einem so fürchterlichen Unfall. _____ seinem

Sinken liegt der Schiffsriese in 3800 Meter Tiefe. Er ist ein Wrack, _____ Forscher

und Andenkensammler gleichzeitig anzieht. _____ die Titanic jemals gehoben

wird, ist sehr unwahrscheinlich.

13 Aus jedem vorgegebenen Sprachbereich stammen zwei der alphabetisch geord-
neten Fremdwörter. Ordnen Sie sie zu:

> Basar • Bibliothek • Csardas • E-Mail • Girokonto • Gulasch •
> Interesse • Judo • Kaffee • Kiosk • Makkaroni • Massage •
> Mokka • Opium • outsourcen • Radius • Sympathie •
> Tapete • Teppich • Toilette

arabisch: _____ _____ japanisch: _____ _____

englisch: _____ _____ lateinisch: _____ _____

französisch: _____ _____ persisch: _____ _____

griechisch: _____ _____ türkisch: _____ _____

italienisch: _____ _____ ungarisch: _____ _____

8 Abschlusstest

14 Lösen Sie das folgende Kreuzworträtsel. (Umlaute und ß bleiben erhalten.)

1 Gegenteil von schwer; 2 Ende; 3 ausziehen; 4 Reim auf der letzten Silbe; 5 Zimmer; Gebiet (Wort im Plural); 6 Man sagt, dass Hunde, die bellen, nicht ...; 7 Gegenwehr, Auflehnung; 8 abstoßend, ekelhaft; 9 klar, unmissverständlich; 10 Strick, Leine; 11 Volkserzählung; 12 gemein, unanständig, anstößig; 13 Gewächshaus; 14 Gegenteil von schön; 15 zumachen; 16 bequeme Sitzgelegenheit; 17 Eifer, Strebsamkeit; 18 unzugänglich, verschlossen; 19 Streit, Zorn, Wut; 20 runde geometrische Figur; 21 unbewusste Hirntätigkeit während des Schlafs; 22 entschlüsseln, auflösen; 23 Dieb; 24 höchste Karte im Kartenspiel; 25 letztlich, vergänglich; 26 Behälter, in dem z. B. Bier oder Wein gelagert wird; 27 Gegenteil von arm; 28 großer Raubfisch; 29 Trinkgefäß (Wort im Plural); 30 Wonnemonat; 31 Unordnung, Durcheinander; 32 Gegenteil von lieben; 33 dunkel werden; 34 drehen, kurbeln

15 Korrigieren Sie die Fehler.

a) Dem Filosof ist nichts zu doof! _____

b) Dem Ingenör ist nichts zu schwör! _____

c) Der Praktikand kann allerhand! _____

d) Der Kandidad braucht einen Rat! _____

e) Der Ewergrien ist immer grün! _____

110

8 Abschlusstest 8

16 Setzen Sie alle notwendigen Satzzeichen (Kommas, Doppelpunkte, Anführungszeichen usw.) an die richtige Stelle.

a) Sie sagte Sie haben gute Konditionen

b) Wenn ich Zeit habe kümmere ich mich sofort um die Angelegenheit

c) Wenn es wahr ist dass Sie das Geld überwiesen haben dann müssen Sie

   sich keine Gedanken machen

d) Wir waren arm aber glücklich

e) Sie wirkte ruhig gelassen entspannt und fröhlich

f) Beate unsere Abteilungsleiterin beschwerte sich beim Chef

g) Beim nächsten Treffen also am Donnerstag dem 17. April im Konferenzraum

   werden wir über das Thema diskutieren

h) Ich fragte mich ob das die beste Lösung sei

17 Muss ein Komma gesetzt werden oder nicht? Begründen Sie Ihre Entscheidung
und setzen Sie das Komma, wenn nötig.

a) Unsere Chefin kann zwar gut kalkulieren aber überzeugen kann sie nicht.

   Begründung: _____

b) Herr Russ kam eine Stunde zu spät er musste beim Arzt so lange warten.

   Begründung: _____

c) Die Kundin stand hier völlig durchgefroren.

   Begründung: _____

d) Ich liebe es Büromaterial zu kaufen.

   Begründung: _____

e) Ich hasse Aufräumen Saubermachen und Bügeln.

   Begründung: _____

f) Das ist schon in Ordnung es war ja nicht so schlimm.

   Begründung: _____

8 Abschlusstest

18 Hier fehlen einige Satzzeichen! Setzen Sie Semikolon, Doppelpunkt, Gedankenstrich und Klammern richtig ein.

Neulich __ ich glaube es war vor etwa zwei Wochen __ waren meine Freundin Tina

und ich shoppen __ natürlich in unserer Lieblingsstadt wie immer. Es war ein

schöner Tag __ die Sonne schien und dennoch war es nicht zu heiß __ genau das

richtige Wetter für einen Stadtbummel. Und es wurde ein Glückstag für mich __

Ich kaufte einen Rock und eine wunderschöne Halskette __ beides im Sonderan-

gebot. Und ich hatte noch Geld übrig, um Tina auf ein Eis einzuladen __ natürlich

bei unserem Lieblingsitaliener __. Doch als ich das Eis bezahlen wollte, bekam ich

einen Schreck __ Mein Geldbeutel war weg! Ich wühlte meine ganzen Taschen

durch __ er blieb verschwunden. Ich überlegte __ Wann hatte ich den Geldbeutel

das letzte Mal gehabt? Als ich meine Kette gekauft hatte! Es half nichts __ Wir

mussten den ganzen Weg zurückgehen. Wir gingen also los __ natürlich mit

entsprechend schlechter Laune __. Während des Gehens löste ich den Knoten

meiner Weste, die ich mir um die Hüfte gebunden hatte, um sie anzuziehen, als

plötzlich __ ein dumpfes Geräusch erklang. Ich blieb stehen und schaute mich um

__ Mein Geldbeutel lag hinter mir auf dem Gehweg __ er war aus meiner Weste

gefallen! Ich schüttelte den Kopf __ Dass ich daran nicht gedacht hatte! Wir

lachten, hakten uns unter und gingen zurück.

19 Entscheiden Sie, ob ein Komma zwischen die hintereinanderstehenden Adjektive
gesetzt werden muss.

Kleine quirlige Kinder laufen meist zu schnell über die Straße. So wollten letzte

Woche zwei unvorsichtige Vierjährige die unübersichtliche alte Hauptstraße

überqueren, weil sie auf der anderen Straßenseite ein weißes süßes und

kleines Kaninchen sahen. Der gerade vorbeifahrende Autofahrer konnte nicht

mehr rechtzeitig bremsen, sodass die Kinder mit schweren schmerzenden

und langwierigen Verletzungen ins Krankenhaus gebracht werden mussten.

112

8 **Abschlusstest** 8

20 In diesem Text stimmen nur die Punkte am Satzende. Schreiben Sie ihn fehlerlos in Ihr Übungsheft.

diegeschichtedeslesens
daslesenisteineunverzichtbarekulturtechnickdienotwendigistumamgesell
schaftlichenlebenteilzunehmen. leseninsbesondereliterarischeslesenistzuglei
cheinemotionaleserlebnissdasmomentewiegenussbetroffenheitidenvikation
enthältbishinzuglükserlebnissen. sospriechtmandurchausvonliterarischener
fahrungen. daslesenisteinevergleichsweisespätsichherausbildendefähigkeitin
dergeschiechtedermenschheit. dieanfengedesabendlendischenlesensunddes
schreibensliegenimorient. anfangsbeherschtennurpristerverwaltungsbeam
teundkaufleutediesekultuhrtechnick. Erstim14.und15.jarhundertwuxdiezahl
derlesefähigenforallemindenstätten. erstim18.jahrhundertentstahnddasheuti
gelesepublicumderbelletristik: vorallemfrauenundjugendlicheentdekktendas
lesenvonlieteratur.

21 Trennen Sie die folgenden Wörter, soweit dies möglich ist.

Sicherheitsweste: *Si-cher-heits-wes-te*

Liste:

List:

Pädagoge:

Ökonom:

Geste:

Gesteck:

gestern:

Referendariat:

Backofen:

Elan:

Aktiendepot:

Assistenz:

Lösungen

1 Groß- und Kleinschreibung

1 a) Verb; b) Adjektiv; c) Partizip;
d) Partizip; e) Zahladjektiv; f) Zahlwort;
g) Verb; h) Adjektiv; i) Partizip; j) Pronomen;
k) Präpositionen; l) Zahladjektiv; m) Adjektiv

2 a) Einzelnen; b) Letzten; c) Im Großen und
Ganzen; d) Mal; e) andere; f) Wenigste; g) trotz;
h) Beliebigen; i) ohne Wenn und Aber; j) Groß
und Klein, Alte und Junge; k) Dicke, dick und
dünn

3 Am Ende – aufs Äußerste – am Nach-
mittag – am dichtesten – den jüngeren – die
Schnellsten – vor Kurzem – jemand – Das Klügste
– die Nachfolgenden – aufs Eindringlichste – vor
dem Überqueren – Nichts Gelerntes – einer der
Unseren – der angeblich mutigste der Azubis –
im Entferntesten – Am quälendsten – über kurz
oder lang – auf der äußersten – Der Verletzte –
So mancher – das Erlebte – bis auf Weiteres

4 Heute Morgen um acht – jeden Tag – am
Donnerstag – donnerstags – diesem Morgen –
gestrigen Abend – gestern – entscheidende –
nachher – den anderen – die nächsten Wochen –
Donnerstag

5 a) Neues; b) guten, schlechten;
c) Moderne; d) unwichtigen, Interessantes;
e) schreien, Rauchen; f) Stehlen; g) Arbeiten;
h) neuestes; i) Gutes; j) Basteln

6 a) Kopf-an-Kopf-Rennen; b) Sowohl-als-
auch; c) Trimm-dich-Pfad; d) Auf-der-faulen-
Haut-Liegen; e) Schau-mir-in-die-Augen-Kleines-
Masche; f) Duty-free-Shop; g) In-den-April-
Schicken; h) Make-up-Entferner

7 a) angst und bange; b) unrecht / Unrecht;
c) Pleite; d) leid; e) Hunderttausende / hunderttausende; f) hundertmal; g) acht; h) Elf

8 a) Angst, Angst; b) beiden; c) Dank, dank;
d) Paar, paar; e) Recht, recht / Recht; f) schuld,
Schuld; g) Bescheid; h) Dunkeln, Dunkeln;
i) wichtigsten, Stillen; j) Reine

9 a) Angst habe – Angst besiegen – wirklich
angst; b) sehr recht – recht / Recht hast –
recht / Recht geben

10 a) Auf dem Jour fixe haben wir unter
anderem den Betriebsausflug geplant.
b) Jeder Einzelne durfte einen Vorschlag machen.
c) Die meisten / Meisten wollten Kanu fahren.
d) Nur wenige waren für das Schwimmbad.
e) Der Chef sprach sich als Einziger für das
Museum aus.
f) Die anderen fanden das total langweilig.
g) Den Chef störte das nicht im Geringsten.
h) Alles Weitere besprechen wir nächstes Mal.

11 a) schwarze, Grün; b) Rot; c) rot;
d) blauem, Grün; e) rote, schwarzen;
f) Silber; g) gelb; h) Rot; i) grün; j) blau, Blau;
k) Schwarz; l) braune

12 a) rot, Grün; b) Deutsch, Englisch; c) englisch;
d) Blau, hellblau, dunkelblau; e) grün

13 a) englisch / Englisch; b) Spanisch; c) Franzö-
sisch; d) Deutsch, Niederländische; e) Deutsch,
Italienischen; f) deutsch / Deutsch; g) Englisch,
Französisch

14 a) „Räubern"; b) „Kleinen Nachtmusik";
c) „Glöckners von Notre-Dame"; d) „Kleinen
Prinzen"; e) „Fliegenden Pferd"; f) „Ersten Ritter"

15 a) aristotelischer; b) kafkaeskes;
c) Luther'schen; d) luthersche; e) potemkinsche;
f) Grimm'schen; g) freudsche; h) einsteinsche;
i) Schiller'schen

16 a) Das Kap der Guten Hoffnung; b) Das Wiener Schnitzel; c) Der Rheingauer Wein; d) Die
Französische Revolution; e) Der heilige Gregor
verehrt den Heiligen Vater; f) Der Erste Mai bleibt
Feiertag

17 Gutes aus Europa
Der Schweizer Käse schmeckt mir am besten,
obwohl der holländische Gouda auch nicht zu
verachten ist. Belgische Pralinen mag ich gerne,
doch auch die Engländer können gute Süßwaren
herstellen. Das Bier in Düsseldorf, das Düsseldor-
fer Alt, ist ebenso bekannt wie der italienische
Wein. Doch auch die Franzosen haben guten
Wein, vor allem aber sind die französischen
Croissants ein Genuss zu jedem Frühstück.

18 a) Dreizehn; b) ein viertel; c) ein Viertel;

d) Zwei; e) dritte; f) zehn; g) drei, Zwei; h) eine Million, sechs; i) Tausend / tausend; j) Hunderte / hunderte; k) Zwanzigsten; l) ersten, dritte / Dritte, acht; m) elf

19 a) heute Morgen; b) Am Sonntag; c) heutige, von gestern; d) heute; e) Eines Nachmittags; f) abends, in der Nacht; g) am Montagabend, Dienstagmittag, mittwochmorgens; h) Am Morgen, zu Mittag, nachts; i) für morgen; j) sonntagmorgens, gegen Mittag

20 a) Insgesamt; b) eine; c) drei; d) Wer; e) Ich; f) Überall; g) verheiratet; h) schnellstens; i) das

21 Liebe Laura,
stell Dir / dir vor: Letzten Monat habe ich mich das erste Mal beworben und bin schon zum Vorstellungsgespräch eingeladen. Kannst Du / du Dir / dir denken, wie aufgeregt ich bin? Ich überlege seit Tagen, was ich anziehen soll – was meinst Du / du? Und wie dann wohl das Interview wird? Die Sekretärin am Telefon war total nett und hat zu mir gesagt: „Regen Sie sich bloß nicht zu sehr auf; bei uns sind alle sehr nett." Mal schaun, was das gibt. Ich halte Dich / dich auf dem Laufenden. Drück mir mal die Daumen.
Bis bald, alles Gute
Deine / deine Anna

22 Sehr geehrte Damen und Herren,
in der „Süddeutschen Zeitung" vom 9. Februar 2008 bin ich auf Ihre Stellenanzeige gestoßen. Ich kann mir vorstellen, dass die Arbeit bei Ihnen anspruchsvoll ist und zugleich Spaß macht. Daher bewerbe ich mich als Allround-Bürokraft in Ihrer Kanzlei. [...] Die Stelle könnte ich gleich am 1. März antreten, da mein jetziger Arbeitsvertrag als Schwangerschaftsvertretung befristet ist und die entsprechende Kollegin am Ende dieses Monats aus ihrer Elternzeit zurückkehrt.
Ich bin gespannt, von Ihnen zu hören, und freue mich, wenn Sie mich zu einem Vorstellungsgespräch einladen.
Mit freundlichen Grüßen
Luisa Schöneborn

2 Getrennt- und Zusammenschreibung

1 a) So weit; b) Soweit; c) Soweit; d) so weit

2 Seitdem – nach dem – in dem – indem – Nachdem – seit dem – nach dem – seit dem – in dem – indem – seitdem – indem

3 a) zuschlagen; b) zuziehen; c) zu teilen / zuzuteilen; d) zuzuhören; e) zufrieren; f) zuzusenden / zu senden; g) zuzugeben; h) zu spielen, zuspielen; i) zudrehen; j) zuzukleben; k) zudrücken; l) zumachen; m) zuschließen

4 10 000 000: zehn Millionen – 53: dreiundfünfzig – 999 998: neunhundertneunundneunzigtausendneunhundertachtundneunzig – 1 000 001: eine Million eins – 555 000: fünfhundertfünfundfünfzigtausend

5 b) gutschreiben – fester Begriff → zusammen; c) hochrechnen – fester Begriff → zusammen; d) totschlagen – fester Begriff → zusammen; e) groß schreiben – kein fester Begriff → getrennt; f) leicht verstehen – kein fester Begriff → getrennt; g) kleinschreiben – fester Begriff → zusammen; h) wahrsagen – fester Begriff → zusammen

6 sitzen bleiben – spazieren gehen – fallen lassen – stecken lassen

7 a) heimkomme; b) irreführen; c) wettmachen; d) standhalten; e) stattgeben; f) teilhaben

8 Handel treiben – Not leiden – zunichtemachen – abhandenkommen – aufeinanderprallen – rückwärtsfahren – hinschauen – frohlocken – teilnehmen

9 **Lösungsvorschlag:**
b) Sie will sich die Akten wieder holen, um sie ein zweites Mal zu studieren. – Ich werde für Sie die Vertragskonditionen nochmals wiederholen.
c) Mein Kollege fuhr das Straßenschild um. – Ich umfuhr den Stau.
d) Die neue Kollegin kann das Protokoll wirklich schon gut schreiben. – Die Bank hat ihm den Lotteriegewinn gutgeschrieben.
e) Der Bürgermeister hat seine Ansprache frei gehalten. – Der Kollege hatte mir einen Platz am Konferenztisch freigehalten.
f) Beim Arztbesuch muss man seinen Oberkörper frei machen. – Einen Brief muss man mit einer Briefmarke freimachen.
g) Zur Berufsschule wollen meine Freundin und ich immer zusammen fahren. – Sie ist vor Schreck zusammengefahren.
h) Er hat auf dem Spickzettel ganz klein geschrieben. – Adjektive werden kleingeschrieben.

Lösungen

11 Rad fahren – teilnehmen – Angst haben – Schlittschuh laufen – wettmachen – heimfinden

Satzbeispiele:
Beim Betriebsausflug wollen wir Rad fahren. – Am Sommerfest kann ich nicht teilnehmen. – Ob sie wohl Angst haben, dass die Konkurrenz aufholt? – Gehen wir am Wochenende Schlittschuh laufen? – Ganz ehrlich, ich weiß nicht, wie ich das wieder wettmachen kann.

12 Schnapsdrosseln
Eine große Anzahl von Drosseln machte in einer kleinen Stadt in Kalifornien auf sich aufmerksam. Ein Anwohner, der gerade seinen Geburtstag feierte, dachte, es handle sich um einen Geburtstagsscherz, bei dem ihm Freunde singend gratulieren wollten. Als er sich lobend bedanken wollte, bemerkte er, dass draußen niemand war. Er sah jedoch eine große Anzahl Drosseln, die singend umherflogen. Das Schauspiel wollte nicht enden, der Gesang begann sich zum Lärm zu steigern. Bevor er fast rasend wurde, stürzte er aus dem Haus. Er wollte ein paar der Schreihälse gefangen nehmen, was ihm auch teilweise gelang. Er musste feststellen, dass das Verhalten der Tiere sehr ungewöhnlich war. Nach einer halben Stunde war der Gesang verstummt.
Zu seinem Erstaunen lagen fast alle Vögel auf dem Boden.
Es stellte sich schließlich heraus, dass das Verhalten der Tiere auf Trunkenheit zurückzuführen war. Sie hatten gegorene Beeren im Garten des Geburtstagskindes verzehrt.

13 a) singend gratulieren; b) lobend bedanken; c) singend umherfliegen; d) rasend werden; e) gefangen nehmen

14 a) Bei uns wird Teamgeist großgeschrieben.
b) Mein Chef hat die Anweisungen extra so groß geschrieben, damit man sie gut lesen kann.
c) Wenn man im Meeting ein Referat hält, sollte man möglichst frei sprechen.
d) Man wird ihn vom Vorwurf der Korruption freisprechen.

15 a) Getrenntschreibung: etwas gut, also angemessen und richtig, schreiben, z. B.: Sie hat die Prüfung gut geschrieben. – Zusammenschreibung (feste Bedeutung): etwas verrechnen, z. B.: einen Betrag auf dem Konto gutschreiben.
b) Getrenntschreibung: etwas befreien, sich von etwas lösen. – Zusammenschreibung (feste

Bedeutung): frankieren, z. B. eine Postkarte freimachen. – **Achtung:** Da meist übertragen gebraucht, oft beides möglich: ein paar Tage freimachen / frei machen, den Oberkörper frei machen / freimachen, sich von Vorurteilen frei machen / freimachen.
c) Getrenntschreibung: gemeinsam fahren – Zusammenschreibung (feste Bedeutung): erschrecken.

16 gestört werden – geschenkt bekommen – getrennt leben – verloren gehen – gefangen halten – lobend erwähnen

17 Bei allen Verbindungen ist sowohl Getrennt- als auch Zusammenschreibung möglich, wenn der Begriff übertragen gemeint ist. Duden empfiehlt in jedem Fall die Getrenntschreibung: gehen lassen – stehen bleiben – stehen lassen – kommen lassen – sitzen bleiben – sitzen lassen – liegen bleiben – liegen lassen – steigen lassen

18 a) Ein Asyl suchender / asylsuchender Afrikaner wurde vom Grenzschutz abgeschoben.
b) Eine Furcht einflößende / furchteinflößende Gestalt trat aus dem Dunkel.
c) Der Aufsicht führende / aufsichtführende Lagerarbeiter schaute kurz nicht hin.
d) Eine Handel treibende / handeltreibende Firma wurde wegen Betrugs verurteilt.

19 kleinmütig – urlaubsreif – freudestrahlend – fingerbreit – dunkelbraun – herzensgut – liebestoll – lichterloh – feuchtfröhlich

20 a) Der Beförderte nahm freudestrahlend die Urkunde entgegen.
b) Die geheimnisumwitterten Schlösser und Seen in den schottischen Highlands wirken sehr gut in unseren neuen Katalogen.
c) Die mondbeschienene Landschaft macht sich im Prospekt nicht so gut.
d) Der neue Geschäftsführer dachte angsterfüllt an den langen Flug.

21 anhand – infrage – zutage – anstelle – aufgrund – zuteil – zuwege – mithilfe – zuhauf – inmitten – zuleide – aufseiten – zugunsten

22 a) An Fasching sollte man wenigstens eine Pappnase tragen, anstatt Trübsal zu blasen.
b) Dem Schriftsteller zufolge grenzte die Aussage seines Kritikers an Schwachsinn.

116

c) Sie wird infolge ihrer guten Leistungen nach der Ausbildung übernommen.
d) Im Grund hatte sie recht, aber der Kollegin zuliebe gab sie nach.
e) Zurzeit komme ich einfach nicht zur Ruhe.

23 a) 68er; b) 50stel; c) 100%ig; d) S-Kurve; e) 25-Fache/25fache; f) 6:3-Sieg

24 b) **Mehrzweckküchenmaschine:** 1) Mehrzweck-Küchenmaschine: Küchenmaschine, die verschiedene Zwecke erfüllt; 2) Mehrzweckü-chen-Maschine: Maschine, die in einer Mehrzweckküche verwendet wird
c) **Musikerleben:** 1) Musik-Erleben: das Erleben (Genießen) von Musik; 2) Musiker-Leben: das Leben eines Musikers
d) **Druckerzeugnis:** 1) Druck-Erzeugnis: das Erzeugnis (Produkt) eines Drucks; 2) Drucker-Zeugnis: das Zeugnis eines Druckers
e) **Altbauerhaltung:** 1) Altbau-Erhaltung: die Erhaltung eines Altbaus; 2) Altbauer-Haltung: die Haltung von Altbauern (alten Bauern)

25 Schillerplatz – Auf dem Sand – Wiener Straße – An der alten Mühle – Sperlingsgasse – Waldpark – Augustaanlage – Thomas-Mann-Allee

26 Lösungsvorschlag:
a) Balkon- und Gartenpflanzen; b) Ein- und Ausgang; c) Kastanien- und Ahornbäume; d) Mathe- und Deutschstunden; e) Privat- und öffentliche Mittel

3 Dehnung und Schärfung

1 a) Zahlen – zählen – Zahltag – auszahlen – einzahlen
b) ehren – ehrlos – Ehrung – beehren – Ehrfurcht – ehrfürchtig – ehrlich
c) Verzehr – Verzehrbon – verzehren – ausgezehrt – Zehrgeld
d) Ermahnung – mahnen – Mahnung – gemahnt – Mahnsache
e) Prahler – Prahlerei – prahlerisch – Prahlsucht – prahlsüchtig – Prahlhans

2 *Vokalverdopplung:* Aal, aalen, Beet, Boote, doof, Fee, Haar, leer, Saal, Tee, Teer
Dehnungs-h: Ahle, Ehre, fahl, froh, kühn, lehren, mahlen, Mohn, Mühsal, nehmen, Pfahl, Rahm, roh, Sohn, Wahl, Zahn
Dehnungs-e nach i: Beispiel, Liebe, Lied, Sieg, Spiel, Stier, Tier

kein Dehnungszeichen: Atem, Bote, Bug, Gas, Hefe, Lid, malen, Mühsal, nämlich, Ode, Sage, uralt, Wal, Zar

3 leer (ohne Inhalt) – lehren (jmd. etwas beibringen)
Lid (Teil des Auges) – Lied (Gesang)
malen (zeichnen) – mahlen (zerkleinern)
der Bote (Überbringer) – die Boote (Schiffe)
die Aale (Fische) – die Ahle (Werkzeug)

4 Ruderboote – Postbote, Armbanduhr – Urgroßvater, Mienenspiel – Goldmine, Wasserwaagen – Personenkraftwagen, Meerwasser – Mehrheit, Muttermal – Gastmahl, Lehrkraft – Leerlauf

5 a) Pilot; b) Sieger; c) Gewehr; d) grenzenlos; e) Woge; f) Teer; g) Saat; h) sagen

6 Teer – Speer, Hahn – Kahn, Tal – Wal, Waage – Tage, Fähre – Ähre, schreiben – treiben, begehren – kehren, Zwiebel – Giebel, Lehre – Schere, Stier – ihr, lief – tief, Schnur – Uhr, rau – grau

7 1. Beeren; 2. Lehre; 3. Gewehr; 4. Gewaehr; 5. war; 6. dehnen; 7. Fieber; 8. Sole

8 geben – du gabst; heißen – er hieß; fallen – ich fiel; leihen – er lieh; befehlen – er befahl – befiehl!; bitten – er bat; scheinen – du schienst; lesen – ich las – lies!; empfehlen – er empfahl – empfiehl!; stehlen – er stahl – stiehl!; anbieten – er bot an

9 i: Igel, Mine, Benzin, Termin, dir, Bibel, Klima; ie: Kiefer, Papier, Fliege, Sieb, nie, Spiegel, Lied;

117

Lösungen

ih: ihn, ihr;
ieh: Vieh, sieh, lieh

10 Ebbe – Ebene, Barren – bar, gelten – Gülle, Dürre – Durst, Lack – Laken, Schmutz – Kratzer – Ranzen, Wildbret – Holzbrett

11 *b* oder *bb*: robben, Gabel, Krabbe, Ebbe, Kabel;
d oder *dd*: Paddel, Pudding, Pudel, buddeln, Bude;
f oder *ff*: Affe, rufen, Waffe, Heft, Neffe;
g oder *gg*: Flagge, Segen, Egge, Lage, Dogge;
k oder *ck*: Winkel, Schmuck, Eckschrank, Mücke, Balkon;
l oder *ll*: Welle, Falter, Stelle, Geld, Keller;
m oder *mm*: Rampe, Hammer, Schwamm, Tümpel, schimmel;
n oder *nn*: Kante, Kanne, Bekanntschaft, Donnerstag, niemand;
p oder *pp*: Teppich, Gips, verdoppeln, Pappel, Suppe;
r oder *rr*: Geschirr, Herbst, Pfarrer, Zigarette, Gitarre;
t oder *tt*: Bitte, Liter, Mittwoch, Mitleid, Trittbrett;
z oder *tz*: putzen, Metzger, Schnauze, Weizen, blitzen

12 a) fetttriefend; b) Balletttheater / Ballett-Theater; c) Kunststofffolie / Kunststoff-Folie; d) Mülllagerung / Müll-Lagerung; e) grifffest

13 fallen: ich falle – du fällst – er / sie / es fällt – wir fallen – ihr fallt – sie fallen;
drücken: ich drücke – du drückst – er / sie / es drückt – wir drücken – ihr drückt – sie drücken;
sich betten: ich bette mich – du bettest dich – er / sie / es bettet sich – wir betten uns – ihr bettet euch – sie betten sich;
blicken: ich blicke – du blickst – er / sie / es blickt – wir blicken – ihr blickt – sie blicken;
bummeln: ich bummle – du bummelst – er / sie / es bummelt – wir bummeln – ihr bummelt – sie bummeln

14 Füße, Masse / Maße, Monster, Schuss, blass, Blasebalg, rissig, kriseln, reisen / reißen, Pusteblume, Christus, Brise, niesen, Preis, Schweiß

15 s: Hase, Rose, Reise, lesen, Erbse;
ss: fressen, Fass, Flüsse, lassen, hassen, Schuss, Missbrauch, anfassen, Ross, Pässe, wissen;
ß: Fleiß, genießen, Füße, Süßigkeit

16 Das war ein Spaß! Hast du gesehen, wie sie geschrien hat, als ich ihr den Schubs gegeben habe? „Lass das!" Aber das ist mir egal – man muss mit gleichem Maß messen. Ich kann mich noch genau erinnern, dass sie mir neulich auch einen Stoß mit dem Fuß gegeben hat. Also ist das nur ausgleichende Gerechtigkeit. Aber du hast recht: Jetzt ist Schluss damit. Man muss ja auch verzeihen können.

17 a) genießt – geniest; b) reist – reißt; c) küsste – Küste; d) las – lass; e) hasst – Biss – bis – Hast; f) fasst – fast; g) weisen – weißen

18

Verb	3. P. Sg. Präs.	1. P. Sg. Prät.	Part. Perf.	verw. Nomen	verw. Adj.
lassen	lässt	ließ	gelassen	Anlass	nachlässig
fließen	fließt	floss	geflossen	Floß	flüssig
wissen	weiß	wusste	gewusst	Wissen	wissbegierig
essen	isst	aß	gegessen	Esskultur	esslustig
beißen	beißt	biss	gebissen	Biss	bissig

4 Gleich und ähnlich klingende Wörter und Laute

1 a) das (dieses); b) dass (–); c) Das (Ein); d) Das (Dieses), das (ein), dass (–), das (dieses); e) das (welches); f) Dass (–), das (dieses); g) Das (Ein), das (welches), dass (–); h) Dass (–); i) dass (–); j) das (dieses), das (welches); k) dass (–), das (dieses); l) Das (Dieses); m) das (dieses), dass (–); n) das (dieses), das (welches)

Die Regel lautet: Der Artikel *das* kann durch *ein*, das Demonstrativpronomen *das* kann durch *dieses*, das Relativpronomen *das* kann durch *welches* ersetzt werden; für die Konjunktion *dass* gibt es keine Ersatzform.

2 Dass – das – das – das – das – Dass – das – das – Dass – das – dass – das

3 a) Das – das; b) dass – das – das; c) Das – das; d) Dass – das; e) dass – das; f) das – dass

4 a) Er hasst es, dass er warten muss.
b) Das Plakat, das eine große Aussagekraft hat, gefällt mir.

118

Lösungen

c) Ich verstehe nicht, dass immer der Kollege die guten Aufträge bekommt.
d) Das schönste Gebäude in der Straße ist das Haus, das total schief ist.
e) Er hat schon so viele Belobigungen bekommen, dass er sich für einen wahren Schlauberger hält.
f) Das kann doch wohl nicht wahr sein, dass er schon wieder eine Abmahnung erhalten hat! / Dass er schon wieder eine Abmahnung erhalten hat, kann doch wohl nicht wahr sein!

5 1. C) dass; 2. E) dass; 3. A) das; 4. I) das; 5. G) das; 6. J) Dass, das; 7. B) das; 8. F) dass; 9. H) dass; 10. D) das

6 a) wieder einführen; b) wiedergeben; c) wiedergebracht; d) widerstanden; e) wieder aufführen / wiederaufführen; f) wieder sehen; g) wiederhaben; h) widerstrebt; i) widersprichst

7 Wiedervereinigung – spiegelt sich wider – wiedererkennen – Widerstand – Wiederaufbau – wiederkehrendes – widerwillig – widersprechen – wiederum – widerstrebt – wiedervereinigten

8 Wörter mit *wieder:* Wiederbeginn – wiedererobern – wiederkäuen – wiederherstellen – wiedergeben – Wiederwahl;
Wörter mit *wider:* Widerhaken – widerlich – widerrufen – widerfahren – Widerstand – widerwärtig – Widerwort

9 unwiderlegliche – widerspricht – unwiderruflich – spiegelt sich wider – wider – Widerwillig – wieder aufzubauen – wieder – Widersacher – wiederholten – widerborstig – widerspenstig – wiederhergestellt

10 Stämme – Stamm; vergeuden; Häuser – Haus; Gäste – Gast; teuer; rächen – Rache; Säugling – saugen; entsetzlich; Länder – Land; Häuptling – Haupt; gestern; Kräuter – Kraut; Bäume – Baum; Beute; aufwändig – Aufwand (*aber auch:* aufwendig – aufwenden); ausräuchern – Rauch; erfreulich; kräftig – Kraft

11 **End**lich haben wir die Karten! Völlig **ent**nervt haben wir mehrere Stunden Schlange gestanden. Das **End**ergebnis sind zwei Konzertkarten und zwei **ent**nervte Gesichter. An der **end**losen Warteschlange sind immer wieder Menschen mit **ent**geistertem Blick **ent**langgelaufen. **Ent**gegen aller Voraussagen hat es jedoch nicht geregnet. Zwischendurch hat sich meine Freundin aus der Schlange **ent**fernt, um etwas zu essen zu holen. Erst nach einer Stunde hat sie eine Pommesbude **ent**deckt und ist glücklich zurückgekommen. Allerdings waren die Pommes, als sie **end**lich bei mir ankamen, schon kalt. Deshalb war ich etwas **ent**täuscht. Völlig **ent**setzt war ich jedoch über den Preis: 3,50 €! Für das Geld bekomme ich in der Imbissbude, die an der **End**haltestelle meiner Straßenbahnlinie steht, mindestens das Doppelte.

12 Wörter mit *ent-/Ent-:* enttäuschen – entspannt – Entgelt – Entscheidung – entfernen – entgegen – Entzündung – entbehren – entsagen – Entschuldigung;
Wörter mit *end-/End-:* Endlichkeit – Endergebnis – Endeffekt – Endspurt – Endsilbe – Endreim – Endrunde – Endlager

13 **Endgültige Weisheiten**
Kommt es dir nicht auch manchmal so vor, als hätten sich manche Leute an irgendeinem Punkt in ihrem Leben entschieden, unendlich vernünftig zu werden und jeglichem Unsinn zu entsagen? Wir kennen doch alle diese endlosen Vorträge darüber, was das einzig Wahre ist. Natürlich zeigen sie dann auch Verständnis dafür, dass andere noch weit von ihrer Vollkommenheit entfernt sind, obwohl auch diese längst erwachsen sind. Aber wie leicht ist es doch, die Willkür und Eitelkeit solcher Alltagsweisheiten zu entlarven. Sind sie einer Meinung mit einem, bekommt man nicht selten den Spruch „Das hab ich doch schon immer gesagt" zu hören. Sind sie dagegen enttäuscht oder gar entsetzt, behaupten sie, den anderen noch nie verstanden zu haben. Schließlich kommen sie meistens zu dem Endergebnis, dass so ein Verhalten überhaupt nicht ihren Ideen entspricht.
Dann ist es doch entscheidend, ob man wirklich befreundet ist. Im Endeffekt zählt nur das. Doch wer will sich schon ständig dafür entschuldigen, dass er entschlossen eine andere Meinung vertritt und auch mal Neues entdecken möchte!

14 a) Endstation; b) entfernen; c) endlos; d) endgültig; e) entlassen; f) entwaffnen

15 Wörter mit *tot-:* totsagen – totschießen – totfahren – totschlagen – totschweigen – tottreten – totlachen – tot geglaubt – totarbeiten;
Wörter mit *tod-:* todkrank – todernst – todschick – todsicher – todunglücklich – todmüde – todblass – todelend – todgeweiht

119

Lösungen

16 a) totgearbeitet – todmüde; b) todschick – Totlachen; c) Totschlags; d) todelend – totgefahrene; e) todernst – Totgeglaubten; f) todtraurig – totgeschwiegen

17 a) Seit ihr nicht mehr hier seid, ist es ganz schön langweilig geworden.
b) Seid ihr schon seit Langem hier?
c) Ihr wollt mir also allen Ernstes erzählen, dass ihr schon seit Stunden fleißig seid.
d) Ihr seid ja schon müde, seit ihr hier seid.

18 a) Seit; b) seid; c) seit; d) Seid; e) Seit; f) seid

19 Seit die Popband „Die gesetzesgläubigen Halsabschneider" mit ihrem letzten Album wochenlang auf Platz eins der Hitparaden steht, werden die Bandmitglieder als neue Helden der Musikszene gefeiert. Unsere Zeitung führte ein Interview mit ihnen.
Wie fühlt ihr euch, seit ihr als Stars gefeiert werdet und nun berühmt seid?
„Eigentlich hat sich noch nicht viel geändert. Aber diese große Popularität genießen wir ja erst seit Kurzem. Ich hoffe dennoch, dass ich niemals den Satz hören muss: ‚Seit man euch feiert, seid ihr andere Menschen geworden.'"
Ihr denkt also, dass ihr auf dem Teppich geblieben seid, seit ihr solchen Erfolg habt?
„Aber ja, ich denke, dass es erst problematisch wird, wenn alle etwas von uns wollen und jeder sagt: ‚Ihr seid so oder so und müsst jetzt dies oder jenes tun.'"
Seid ihr eigentlich stolz auf eure Lieder?
„Nein, ich empfinde nur Stolz, wenn ich jemanden auf der Straße eines unserer Lieder singen höre. Seit ich denken kann, finde ich, dass Musik eigentlich niemandem gehört. Für mich sind unsere Lieder wie Kinder; und wenn ich sie dann auf der Straße höre, denke ich: ‚Ihr seid jetzt erwachsen geworden.'"

20 Wörter mit *stadt-/-stadt*: Stadtbezirk – Vorstadt – Stadtteil – Großstadt – Städtepartnerschaft – Industriestadt – Stadtbibliothek – Städtebau;
Wörter mit *statt-/-statt*: Ruhestatt – stattdessen – Raststätte – stattgeben – Arbeitsstätte – statthaft – Brandstätte – stattfinden

21 a) In Berlin läuft die **Stadt**planung auf Hochtouren.
b) Der alte Unternehmer suchte einen **Statt**halter.

c) Die Musikgruppe war so berühmt, dass sie zum **Stadt**gespräch wurde. Leider konnte das Konzert aber nicht stattfinden, weil der Sänger krank wurde.
d) Anstatt ins Kino ging er in das **Stadt**theater.
e) Das **Stadt**archiv befindet sich in der Altstadt.

5 Fremdwörter

1 Countdown, Meeting, Highlight, B 2 B, Event, Service-Point, Gangway, E-Mail

2 a) scannen; b) Boom; c) Casting; d) Airport; e) Trainer, Fairness

3 a) Recycling; b) bye-bye; c) Bypass; d) Butterfly; e) Insider; f) Pipeline; g) Design; h) Highlight; i) Timing

4 **Terminal:** Abfertigungshalle für Fluggäste; **Marketing:** Ausrichtung auf die Verbesserung von Absatzmöglichkeiten durch Werbung; **Investment:** Wert- oder Geldanlage; **Feedback:** Rückmeldung bzw. Reaktion; **Statement:** öffentliche Erklärung; **Workshop:** Seminar, Arbeitsgruppe; **downloaden:** herunterladen von Daten aus dem Internet

5 Beat – Hockey – Beefsteak – Training – Sweater – Volleyball – Team – Trenchcoat

6 a) Sandwich; b) Jeep; c) Clown; d) Catering; e) Controller; f) Flyer

7 Team; Jazz; One-Night-Stand; Weekend; Stuntman; Safe; Sound; Stewardess

8 Nugat – Toilette – Jalousie – Rendezvous – Engagement – Mayonnaise – Entrecote – Hotelier

9 siehe folgende Seite

10 a) Restaurant; b) Souvenir; c) Champagner; d) Etage; e) Bassin; f) Balance

11 a) Restaurants – engagiert; b) Niveau – Fritteuse; c) Nugat – Orangen; d) Portemonnaie – Coupon; e) Mayonnaise – Toilette; f) Jalousie – Parfüm

12 Kusine – Fantasie – Grafiker – Panter – Tunfisch – substanziell – Jogurt – Majonäse – Saxofon – Potenzial

13 a) Apokalypse; b) authentisch; c) Bouquet; d) Chromosom; e) Fata Morgana; f) Gastronomie; g) Kommission; h) Parodontose

14 a) diszipliniert; b) zeremoniell; c) Demokratie; d) Logik; e) Labyrinth; f) konsterniert

Lösungen

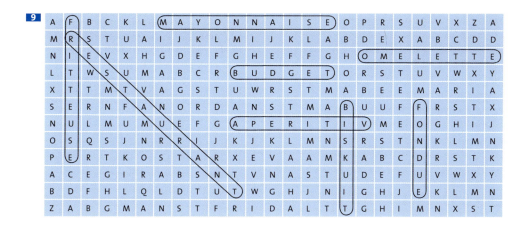

15 Poesiealbum (richtig) – Mickrobiologe: Mikrobiologe – Korektur: Korrektur – Expansion (richtig) – Excursion: Exkursion – bandaschieren: bandagieren – Bagett: Baguette – Biosfäre: Biosphäre – Majonäse (richtig) / Mayonnaise – Inwasion: Invasion – konsegwent: konsequent – Ketschab: Ketchup / Ketschup – Boikott: Boykott – Rüttmuss: Rhythmus – Theater (richtig) – Photosynese: Photosynthese / Fotosynthese

16 Delfinarium – riesiges – Delfinarium – Beliebtheit – zivile – die – die – die – Turbinen – Turbinenanlage – die – Delfine – sowie – Energie – Dieser – die – Turbinen – ausfielen – die – diese – Maschinen – Delfinen

6 Zeichensetzung

1 a) Frau Waller, die topfit in der Rechtschreibung ist, muss heute Protokoll schreiben. b) Das ist der Täter, den die Polizei festgenommen hat. c) Frau Glanz kann heute zum Meeting nicht kommen, weil sie einen ganz wichtigen Termin hat. d) Ich konnte nicht länger warten, da ich mich sonst selbst verspätet hätte. e) Wir werden im Herbst nach Italien fahren, wo man den Weinanbau studieren kann. f) Wenn Sie nächste Woche nach Berlin fahren, können wir uns gerne treffen, denn ich wohne in Berlin.

2 Heute war so ein richtig verflixter Morgen. Nachdem ich mich aus dem Bett gequält hatte, rutschte ich auf der Fußmatte aus. Ich rappelte mich hoch und hinkte ins Bad, das wie immer besetzt war. Meine Mitbewohnerin! Damit sie ja auch schön genug ist, steht sie immer eine halbe Stunde früher auf und nimmt das Badezimmer in Beschlag. Wirklich klasse! Wenn sie dann endlich fertig ist, kann man das Bad erst einmal nicht betreten, weil sich eine riesengroße Duftwolke in ihm ausgebreitet hat. Ich klopfte also gegen die Tür, um mich wenigstens bemerkbar zu machen. Und wie ich meiner Wut so freien Lauf ließ, durchfuhr mich ein stechender Schmerz: mein Finger! Ich musste ihn angeknackst haben. Nachdem der Schmerz nachließ, ging ich zurück ins Bett und zog mir die Decke über den Kopf. Hier kriegt mich keiner mehr raus, dachte ich mir.

3 a) Der Chef hat keine Zeit, weil er noch einen wichtigen Termin hat. b) Ich mag Gedichte, obwohl ich keine auswendig kenne. c) Er liebt Fußball, wie er auch Basketball liebt.

4 a) Herr Müller arbeitete noch mehr als sein Kollege letzte Woche. b) Herr Müller arbeitete fast so viel wie sein Kollege in der Woche zuvor. c) Er kam früher als sonst von der Arbeit nach Hause. d) Er gab das Geld aus wie ein Millionär.

5 Frau Hartwig, die eigentlich sehr eifrig an der Fortbildung teilnimmt, kommt heute völlig entnervt nach dem Seminar ins Büro. Ihre Kollegin, die soeben über einer Akte brütet, sieht sie erstaunt an. Nachdem sie die Akte zur Seite gelegt hat, schaut sie über den Tisch und fragt, was los sei. Da Frau Hartwig immer noch wütend ist, schimpft sie laut: „Ein Wahnsinn! Wenn sich morgen nicht alle etwas mehr beteiligen, machen wir drei Stunden Französisch am Stück!" Damit sich Frau Hartwig ein wenig beruhigt, versucht es ihre Kollegin mit einem Scherz. „Na und? Die armen Leute in Frankreich machen das den gan-

Lösungen

zen Tag!" Daraufhin verlässt Frau Hartwig, die überhaupt nicht zum Lachen aufgelegt ist, ohne Worte das Zimmer.

6 Die Mutter macht ein entsetztes Gesicht, <u>nachdem sie das Zwischenzeugnis ihrer Tochter gesehen hat.</u> „Sonja, dein Zeugnis ist eine einzige Katastrophe. Was soll ich denn dazu sagen?" „Was du früher immer gesagt hast, <u>wenn mir etwas Schlimmes passiert ist</u>", schlägt ihre Tochter vor. <u>Als die Mutter sich etwas beruhigt hat,</u> fragt sie: „Was habe ich da gesagt?" „Hauptsache, du bist gesund, mein Kind, <u>weil alles andere dagegen unwichtig ist.</u>"
(Die Nebensätze sind unterstrichen.)

7 Gestern stand in der Zeitung, dass der 1. FC schon wieder verloren hat. Viele Fans, die bis jetzt noch jede Woche zu den Meisterschaftsspielen gegangen sind, fragen sich, ob der Abstieg der Mannschaft noch zu verhindern ist. Sie diskutieren darüber, ob ein Trainerwechsel in dieser Situation sinnvoll ist. Ihre große Hoffnung ist, dass das Team auch in der kommenden Spielzeit in der Verbandsliga spielt. Mein Kollege, einer der leistungsstärksten Spieler, sagte: „Ich werde alles tun, um das Trainergespann, das wirklich gute Arbeit leistet, zu unterstützen. Wenn wir wirklich absteigen, dann wird die Mannschaft sicher auseinanderbrechen."

8 a) Was du heute kannst besorgen, das verschiebe nicht auf morgen.
b) Wohin Sie auch schauen, Sie finden keine besseren Konditionen.
c) Ich erledige zuerst das, wozu ich Lust habe.
d) Mit welchem Stift ich unterschreibe, ist doch egal!
e) Wer schläft, sündigt nicht.
f) Ich weiß gar nicht, worüber Sie sich so aufregen!
g) Endlich kommt die Gehaltserhöhung, auf die ich schon lange warte.
h) Die Kundin fragte sich, wovon sie das bezahlen solle.
i) Weswegen Sie lachen, weiß ich nicht.

9 a) Die Kundin öffnet den Safe und schaut sich ihre Wertsachen an. b) Das Wasser wurde heißer und schließlich kochte es. c) Zwischen den Sätzen einer Satzreihe kann ein Komma oder ein Semikolon stehen oder es kann ein Punkt gesetzt werden. d) Ich werde für die Ausstellung einkaufen, und zwar Getränke und belegte Brötchen.

e) Ich finde es gut, dass du gekommen bist und dass du noch eine Kollegin mitgebracht hast.
f) Es ist sehr kalt und es regnet schon den ganzen Tag. g) Die Firma hat sich erholt und expandiert langsam wieder. h) Sie müssen unbedingt kommen und sich den Vortrag anhören. i) Sie müssen sich entweder für die Uni oder für eine Lehre entscheiden. j) Der Urlaub ist vorbei und leider beginnt die Berufsschule wieder. k) Wir schlichen uns vorsichtig und ohne ein Wort zu sprechen an. l) Er sah mich an, ohne Reue zu zeigen, und lachte. m) Ohne zu drängeln und ohne zu schubsen, bekommt man keinen guten Platz in den Konzerthallen oder in Sportstadien. n) Hat die Chefin mich übersehen oder ist sie blind? o) Nur noch wenige Tage fehlen und dann feiern wir unser Firmenjubiläum. p) Wir lachten, weil er komisch aussah und weil er rot wurde. q) Wir zitterten, weil es kalt war, und wir froren schrecklich. r) Du bist ganz schön faul, und das nicht nur bei diesem Projekt! s) Wir fahren zur Messe nach Frankfurt, bleiben dort ein paar Tage und verbringen im Anschluss ein Wochenende im Rheingau.
t) Lesen Sie sich alle Sätze gut durch und setzen Sie die Kommas richtig!

10 b) Dann wollte er wissen, ob mir der Verdienst wichtig sei.
c) Er erkundigte sich auch danach, wie wichtig mir eine geregelte Arbeitszeit sei.
d) Ob ich für eine Stelle auch in eine weit entfernte Stadt ziehen würde, war seine nächste Frage.
e) Außerdem interessierte ihn, welche Rolle Aufstiegs- und Karrierechancen bei meiner Berufswahl spielen würden.
f) Ob ich gerne mit Menschen umgehe oder eher Schreibtischhocker sei, diese Frage war ihm besonders wichtig.
g) Er fragte, ob ich Kunden zum Kauf eines bestimmten Produkts motivieren könne.
h) Eine weitere wichtige Frage war, ob ich körperlich fit sei und ob mir schwere körperliche Arbeit nichts ausmache.
i) Schließlich wollte er wissen, ob ich Mut habe, Neues auszuprobieren und ungewöhnliche Wege zu beschreiten.
j) Und als Letztes ging es um die Frage, was mir am wichtigsten bei meinem zukünftigen Chef oder meiner zukünftigen Chefin wäre.

122

Lösungen

11 a) In der Jungsteinzeit benutzten die Menschen Werkzeuge aus Stein, um ihre Arbeiten zu verrichten. (Infinitivgruppe ist mit *um* eingeleitet: Komma ist notwendig.)
b) Die Männer waren dazu übergegangen, an ihren Pfeilen Spitzen aus Feuerstein zu befestigen. (Das Wort *dazu* weist auf die Infinitivgruppe hin: Komma ist notwendig.)
c) Für die Frauen war es durch die Verwendung von Mahlsteinen möglich, das Korn zu mahlen. (Das Wort *es* weist auf die Infinitivgruppe hin: Komma ist notwendig.)
d) Auf den kleinen Äckern in der Nähe der Siedlung pflegten die Frauen und Männer mit gezähnten Feuersteinschneiden das Getreide zu schneiden. (Kein Hinweis, keine Wiederaufnahme: Komma ist nicht notwendig.)
e) Die Männer gaben sich beharrlich Mühe, Baumstämme mit Steinbeilen zu bearbeiten und zu zerkleinern. (Infinitivgruppe ist von *Mühe* abhängig, Komma ist notwendig.)

12 a) Anstatt sich zu bedanken, ging der Kunde wortlos hinaus. b) Es ist seine Aufgabe, gebraucht zu werden. c) Vor Kurzem erst gekauft(,) war das Gerät bereits in der Reparatur. d) Wir sind gekommen, um uns ein neues Auto zu kaufen. e) Er glaubte(,)etwas zu hören. f) Sie stand(,) vollkommen verärgert und frustriert(,) in der Halle. g) So ist es, kein Geld zu haben. h) Kein Geld habend(,) kommen Kunden, um Aktien zu kaufen.

13 b) Sowohl aus antiken Berichten als auch anhand von Wandmalereien oder Ausgrabungen kann man versuchen(,) Erkenntnisse zu gewinnen.
c) In Pompeji ist es Wissenschaftlern gelungen, eine Bäckerei auszugraben.
d) Dort hatten Sklaven die Aufgabe, Mahlsteine zu bewegen.
e) Sie waren den ganzen Tag gezwungen(,) mit Holzbalken, die in die Ränder gesteckt wurden, Mahlsteine zu drehen.
f) Zahlreiche Sklaven hatten ihr Leben lang das Los, so monotone Aufgaben zu verrichten.
g) Auch während des ganzen Mittelalters waren es die Menschen gewohnt, viele einfache Tätigkeiten mit den Händen zu erledigen.

14 a) **Dafür** steht unser Name, von guter Qualität zu sein.
b) **So** ging der Patient dahin, geheilt und ohne Beschwerden.

c) Es war **genauso,** wie der Kunde es sich vorgestellt hatte.
d) Er hatte nicht **daran** gedacht, die Unterlagen mitzunehmen.
e) Richtig frankiert, **so** kommt der Brief auch an.

15 Zu den Aufgaben ... von Drucksachen, wie zum Beispiel Zeitschriften, Katalogen, Büchern und Formularen, mit den Elementen Schrift, Bild, Farbe und Grafik. Schriftsetzer führen Texte, Bilder und andere Gestaltungselemente ... Ihren Arbeitsplatz haben sie in Setzereien, Textverarbeitungsbetrieben, aber auch in Druckereien. Darüber hinaus können sie in Verlagen, Grafikbüros, Medienagenturen sowie ...

16 a) Sie wohnt in Heidelberg, Philosophenweg 27.
b) Nächste Sitzung: Freitag, den 31. Januar, um 15.00 Uhr(,) im Konferenzraum.
c) Ich zitiere aus der Brockhaus Enzyklopädie, 21. Auflage, Band 14.
d) Der Artikel ist in der „Zeit", Ausgabe 52, 2007, S. 14(,) erschienen.

17 a) Heute muss ich noch meine Frau von der Firma abholen, das Geschirr spülen und die Wäsche machen, aber staubsaugen muss ich nicht.
b) Sie sollten für dieses Projekt keine Anzeigenkampagne entwerfen, sondern ein Werbeplakat.
c) Unsere Abteilung macht dieses Jahr am Sommerfest weder Waffeln noch Kaffee, aber Kuchen.

18 a) Ich bin beim Kassieren besser als du und im Lager so gut wie du.
b) Du schreibst die Zahlen, wie dein Vorgänger sie schrieb.
c) Bitte kleiden Sie sich so, wie wir es von Ihnen verlangen.
d) Ich benehme mich nicht so schlecht wie er.
e) Ich brauche dazu weniger Zeit, als ich gedacht habe.
f) Meine Kollegin ist lieber am Schreibtisch als bei Kunden.
g) Ich mache lieber eine Lehre, als dass ich zur Uni gehe.
h) Er tut so, als hätte er nichts gehört.
i) Das Gerätehaus brennt ja wie Zunder.
j) Du weißt ja gar nicht, wie du mich nervst.

19 a) In der Berufsschule stehen die Fächer Deutsch, Englisch, Biologie, Chemie sowie Mathematik auf dem Stundenplan.

Lösungen

b) Wir trinken gerne trockenen französischen Wein.

c) Ich freue mich auf ein paar ruhige, erholsame Tage.

d) Ich bin nicht nur satt, sondern auch müde.

e) Sie können mich leider weder heute noch morgen anrufen.

f) Unser Vorstand macht immer wieder neue taktische Fehler.

g) Der neue Kollege ist zwar gut, aber laut und anstrengend.

h) Sowohl der Ausbilder als auch der Lehrer lobten ihn sehr.

i) Ich gehe entweder in die Pizzeria oder bleibe hier und esse das Menü.

20 Für meine Dienstreise habe ich den kleinen spanischen Sprachführer und einen dünnen spannenden Krimi eingepackt. Der dicke spannende Krimi wäre für die zwei, drei Tage zu lang. Außerdem habe ich für die heftigen parlamentarischen Debatten noch das gute dunkle Jackett in meinen neuen blauen Reisekoffer gepackt. Ich habe zwar noch den alten blauen Koffer, aber ich nehme lieber den neuen mit, der ist leichter, praktischer und eleganter.

21 **b)** Kartoffeln, Eier, Öl, Essig, Salz und Pfeffer, **die Zutaten für einen Kartoffelsalat,** müssen wir morgen für die Jubiläumsfeier vorrätig haben.

c) Unsere Praktikantin, **ein großer Fan von Robbie Williams,** hat auf ihrem Schreibtisch ein Poster des Superstars liegen.

d) Viele Sportbegeisterte schauen zu, wenn im Fernsehen ihre Lieblingssportarten, **Fußball und Tennis,** übertragen werden.

22 **a)** Eines der Häuser, und zwar das gelbe, ist ein Objekt, das wir betreuen.

b) Unsere Firma bietet nun auch Sportkurse an, zum Beispiel Yoga.

c) Unser Abteilungsleiter, er ist leicht aufbrausend, hat heute besonders schlechte Laune.

d) Die Buchlieferungen, insbesondere die Neuerscheinungen, werden immer umfangreicher.

e) Die Briefumschläge, ich habe sie vor einem Monat gekauft, sind schon wieder alle.

f) Am Mittwoch, dem 6. Dezember, ist unser nächster Jour fixe.

23 **b)** Viele Kollegen haben da – was ich gut verstehen kann! – protestiert und wollen nicht mehr weiter mitmachen.

c) Und das Ganze – ist das zu glauben? – sollte

ein Prestigeprojekt für unsere Firma werden.

d) Ich werde mich beim Geschäftsführer – mit ihm kann man nämlich reden – beschweren.

24 Meine Kolleginnen gehen manchmal gemeinsam mit mir und zwei weiteren Kolleginnen aus dem Archiv, Nele und Julia, ins Schwimmbad. Während sie mit Nele, der Praktikantin, zum Whirlpool gehen, sind Julia und ich lieber im Aktionsbecken. Julia und ich können, als Besitzerinnen mehrerer Schwimmabzeichen, sehr gut schwimmen. Julia kann besonders gut kraulen, während ich schneller im Rückenschwimmen bin. Auch im Tauchen, sowohl im Ausdauer- als auch im Tieftauchen, sind wir beide geübt.

25 **a)** „Wenn ich das geahnt hätte, hätte ich Ihnen das Projekt sicher nicht übergeben!", schimpfte der Projektleiter.

b) „Nein", betonte der Mann, „das Geschäft bleibt geschlossen!"

c) „Was wollen Sie nun eigentlich kaufen?", fragte ich die Kundin.

d) „Gib mir mal die Unterlagen!", bat mich Klaus.

e) „Ist es wirklich wahr", fragte sie entgeistert, „dass die Filiale schließt?"

f) Die Köchin rief: „Das Essen kann serviert werden."

g) Der Chef de Cuisine erklärte: „Einen Aperitif trinkt man vor dem Essen."

h) „Der Digestif", fuhr der Küchenmeister fort, „kommt nach dem Essen."

i) „Sicher klappt es nächste Woche", versprach die Sekretärin der Anruferin.

j) „Kannst du mir mal helfen?", bat der Praktikant.

26 Das ist nicht recht, Vater", <u>schimpft er</u>, „dass Ihr ..." – <u>Er spricht:</u> „Das ist nicht recht, ..." – „... Steigt sofort ab!", <u>ruft er.</u> – „Ihr seid drei kuriose Gesellen", <u>wundert er sich.</u>

27 **a)** „Mir gefällt ... nicht!", schimpft Peter.

b) „Warum?", fragt Katrin nach. „Ist doch wirklich lustig, dass ..."

c) „Und außerdem", fügt Maria hinzu, „ist ... echt komisch."

d) „Aber ...", meckert nun auch Tom.

e) „Ach, ihr Männer habt doch keine Ahnung!", ereifert sich Verena. „Ihr wisst doch gar nicht ..."

28 Frau Heinz, die nun schon neun Jahre an dieser Schule ist, hat mir letzte Woche ihr „erstes richtiges Interview" gegeben. Als die Stelle an dieser Schule ausgeschrieben war, hat sie sich, die „eigentlich einen gemütlichen Job beim Bauamt" hatte, entschlossen, in die Schule zu gehen. Neben dem selbstständigen Arbeiten hat sie besonders der „Kontakt zu den Jugendlichen" gereizt.

Leider hat sie nicht so lange Ferien wie die Schülerinnen und Schüler, weil gerade vor Beginn des neuen Schuljahrs „alle Klassenlisten neu erstellt oder überarbeitet werden" müssen. Insgesamt fühlt sie sich an der Schule jedoch „sauwohl", besonders die jährlichen Schulfeste sind für sie „immer wieder ein tolles Erlebnis".

7 Worttrennung

1 Topf-lap-pen, Ost-al-pen, Matsch-wet-ter, Ve-ran-da, ver-schlie-ßen, biss-chen, Ver-än-de-rung, haupt-amt-lich, Teil-er-folg, Ent-eig-nung

2 Se-en-plat-te, Schiff-fahrt, vor-erst, da-ge-gen, We-cker, Pro-to-kol-lant, da-rü-ber / dar-über, In-te-res-se / In-ter-es-se, Hal-te-stel-le, Vo-raus-set-zung / Vor-aus-set-zung, schwit-zen, Schwimm-meis-ter, Ak-ti-en-kurs, Aus-stel-lung, Brau-e-rei, Karp-fen, Wes-pe, kämp-fen, Ab-schrift, Wan-de-rer, Fin-ger, Trai-nee, war-ten, Bal-lett-tän-ze-rin, Ge-mü-se-ein-topf, sit-zen, Mu-sik-in-stru-ment / Mu-sik-inst-ru-ment, Ak-ten-de-ckel, be-schwe-ren, Ma-the-ma-tik-buch, Ra-dies-chen, Ru-i-ne

3 Ke-gel, gel-len, Len-ker, Ker-ze, Ze-ro, Ro-be, Be-sen, Sen-ke, Ke-gel

4 Beweis-stück, Rast-stätte, Verlust-geschäft, Haus-tür, Gast-spiel

5 Hos-pi-tal, Exa-men, Bib-lio-thek, Kog-nak, Zent-rum, Mo-narch, In-te-res-se, Prob-lem, Fab-rik, Te-le-gramm

6 **Zyklus:** Zy-klus / Zyk-lus, **Magnet:** Ma-gnet / Mag-net, **Industrie:** In-dus-trie / In-dust-rie, **Chiffre:** Chif-fre / Chiff-re, **Persiflage:** Per-si-fla-ge / Per-sif-la-ge

7 anti-autoritär, bi-lateral, Des-interesse, Programm, syn-chron, ir-real, in-offiziell, An-kathete

8 Abschlusstest

1 b) Die Akten habe ich heute Morgen zu Ende gelesen. – Begründung: kombinierte Zeitangabe Adverb + Substantiv
c) Das Reiten ist ihr größtes Hobby. – Begründung: substantiviertes Verb

d) Mittags werde ich immer müde. – Begründung: Satzanfang
e) Immer werde ich mittags müde. – Begründung: Adverb als Zeitangabe
f) Am Dienstagnachmittag findet die nächste Sitzung statt. – Begründung: Zeitangabe als Substantiv
g) Sie benehmen sich, als wären Sie im Wilden Westen. – Begründung: Adjektiv als fester Bestandteil des geografischen Namens

2 b) Mir ist ein strenger Ausbilder lieber als ein gutmütiger (Ausbilder).
c) Ich esse lieber ein weiches Ei als ein hartes (Ei).
d) Ich bin der Beste (–).
e) Der Fleißige (–) wird mit Erfolg belohnt.

3 a) Wir mussten uns vier lange Vorträge anhören.
b) Wir zwei wissen, worum es geht.
c) Um zur Messe zu kommen, müssen Sie die Sechs nehmen.
d) Zum Skat braucht man drei Spieler.
e) Früher galt die Dreizehn als Unglückszahl.
f) Unsere älteste Kundin ist schon über neunzig.
g) Wie spät ist es? Gleich zwölf.
h) Im Verkauf ist er wirklich keine Null.
i) Sie strömten zu Tausenden / tausenden zur Wiedereröffnung.
j) zwei Millionen fünftausendvierhundertsiebenundsechzig

4 a) Verb + Verb: in der Regel getrennt;
b) Substantiv + Verb: in der Regel getrennt;
c) Verbindungen, bei denen das Substantiv verblasst ist: zusammen d) Verbindungen mit Adjektiven, deren zweiter Teil der Zusammensetzung kein eigenständiges Wort ist: zusammen
e) Wörter mit Fugen-s: zusammen f) Haben Adjektiv + Verb eine neue Gesamtbedeutung: zusammen, wenn nicht: getrennt

5 Der rettende Einfall
Irgendwo im staubtrockenen Nordafrika spielte sich einmal folgende aufsehenerregende / Aufsehen erregende Geschichte ab: Not leidende / Notleidende Eingeborene fingen einen Missionar und wollten alles daransetzen, ihn umzubringen. Nach der Stammessitte sollte der Gefangene die Todesart selbst bestimmen, und zwar dadurch, dass er eine Behauptung aufstellte. Der Medizinmann erklärte ihm: „Wenn ich deine Behauptung als wahr anerkenne, dann wirst du mit vergifteten Pfeilspitzen getötet. Betrachte ich sie dage-

125

Lösungen

gen als Lüge, dann musst du im Feuer zugrunde gehen." Der Missionar überlegte einige Minuten lang, nachdem man ihm die Bedingungen bekannt gegeben / bekanntgegeben hatte. Dann hatte er einen guten Einfall. Er formulierte seine Antwort so, dass es unmöglich war, ihn umzubringen. Soweit ich weiß und soviel ich gehört habe, ließen sie ihn tatsächlich laufen!
(Der Missionar sagte: „Ihr werdet mich verbrennen." Jetzt wussten die Eingeborenen nicht, was sie tun sollten. Wenn sie den Missionar wirklich verbrennen wollten, so hatte er die Wahrheit gesagt. Also müssten sie ihn mit vergifteten Pfeilen töten. Dann aber hätte der Missionar gelogen. Demzufolge müsste er verbrannt werden. Und so weiter.)

6 a) Sobald ich achtzehn war, lernte ich Auto fahren. b) Das Autofahren macht mir großen Spaß. c) Bringen Sie Frau Meier doch bitte nach Hause. d) Das Nachhausebringen macht mir nichts aus.

7 a) Fehler! Verbindungen mit *sein* werden immer getrennt geschrieben; richtig: beisammen sein.
b) Fehler! Adjektive, deren ersten Teil bedeutungsverstärkend oder bedeutungsabschwächend ist, werden zusammengeschrieben; richtig: stocksteif.
c) Richtig, denn Substantive und Adjektive, die statt einer syntaktischen Fügung stehen, werden zusammengeschrieben („weich wie Butter").
d) Fehler! Verbindungen aus adjektivisch gebrauchten Partizipien und Adjektiven werden getrennt geschrieben; richtig: strahlend weiß.
e) Fehler! Konjunktionen werden in der Regel zusammengeschrieben; richtig: Obgleich.

8 Lösungsvorschlag:
a) Moos – Saat – Moor – Beet – Seele
b) Stuhl – Stahl – Bohrer – Lehrer – Mahl
c) Tier – schmierig – Gier – Hiebe – Schliere
d) Sole – Geschmuse – Lage – eben – Tiger
e) Motto – hassen – Robbe – Affe – bag – gern
f) Hecke – hacken – Blick – Witz – Schmutz
g) Krampf – Ranzen – Ordner – werfen – Pult

9 Das Theaterstück, **das** die … und **das** zunächst …, weil einige **das** Stück …. sah ihnen an, **dass** sie sehr … oft, **dass** … **das** Wasser, **das** sie bestellt hatte … **Dass das** erst … **Das** Publikum …

10 Stadtteil; Entschluss; unendlich; anstatt; entgleisen; Endspurt; Lagerstätte; Kreisstädte; Endstation; Entfernung; endgültig; endlos; stadtbekannt; Gaststätte; stattlich

11 **Dividend, Dividenden:** Zähler eines Bruches
Absolvent, Absolventen: jemand, der eine (Schul-) Ausbildung, ein Studium erfolgreich beendet hat
Doktorand, Doktoranden: jemand, der eine Doktorprüfung ablegt
Praktikant, Praktikanten: jemand, der ein Praktikum absolviert
Dezernent, Dezernenten: Leiter eines Amts- bzw. Geschäftsbereichs (Dezernat)
Spekulant, Spekulanten: jemand, der sich, um hohe Gewinne zu erzielen, auf unsichere Geschäfte einlässt
Konfirmand, Konfirmanden: jemand, der zur Konfirmation geht (evangelisch)

12 Versunkene Legende
Niemand hätte damit gerechnet, **dass** die Titanic, **das** größte Luxusschiff seiner Zeit, einmal sinken würde. Als sie 1912 endlich aus dem Hafen auslief, verließ man sich auf die weitverbreitete Annahme, **dass** sie unsinkbar sei. Es **ent**sprach dem Denken der Zeit, **dass** die Menschen sich für unfehlbar hielten. **Seit** der Erfindung der Dampfschiffe glaubten alle, **dass** das Reisen auf dem Meer immer sicherer würde. **End**lose und ungewisse Reisen wurden nun planbar. Niemand hörte auf die Schiffbauer, die immer wieder warnten: „**Seid** vorsichtig!" Das Meer, **das** die Menschen schon immer begeisterte, war für sie nun ein Verkehrsweg wie jeder andere. **Ent**gegen aller Voraussagen kam es dann jedoch zu einem so fürchterlichen Unfall. **Seit** seinem Sinken liegt der Schiffsriese in 3800 Meter Tiefe. Er ist ein Wrack, **das** Forscher und Andenkensammler gleichzeitig anzieht. **Dass** die Titanic jemals gehoben wird, ist sehr unwahrscheinlich.

13

arabisch:	Kaffee, Mokka
japanisch:	Judo, Opium
englisch:	E-Mail, outsourcen
lateinisch:	Interesse, Radius
französisch:	Massage, Toilette
persisch:	Tapete, Teppich
griechisch:	Bibliothek, Sympathie
türkisch:	Basar, Kiosk
italienisch:	Girokonto, Makkaroni
ungarisch:	Csardas, Gulasch

Lösungen

14 1) LEICHT; 2) SCHLUSS; 3) ENTBLÖSSEN; 4) END-REIM; 5) RÄUME; 6) BEISSEN; 7) WIDERSTAND; 8) WIDERLICH; 9) DEUTLICH; 10) SEIL; 11) MÄRCHEN; 12) SCHÄNDLICH; 13) TREIBHAUS; 14) HÄSSLICH; 15) SCHLIESSEN; 16) SESSEL; 17) FLEISS; 18) UNGESELLIG; 19) ÄRGER; 20) KREIS; 21) TRÄUMEN; 22) ENTRÄTSELN; 23) RÄUBER; 24) ASS; 25) ENDLICH; 26) FASS; 27) REICH; 28) HAI; 29) TASSEN; 30) MAI; 31) CHAOS; 32) MASSEN; 33) DÄMMERRN; 34) LEIERN

15 Philosoph; Ingenieur, schwer; Praktikant; Kandidat; Evergreen

16 a) Sie sagte: „Sie haben gute Konditionen." b) Wenn ich Zeit habe, kümmere ich mich sofort um die Angelegenheit. c) Wenn es wahr ist, dass Sie das Geld überwiesen haben, dann müssen Sie sich keine Gedanken machen. d) Wir waren arm, aber glücklich. e) Sie wirkte ruhig, gelassen, entspannt und fröhlich. f) Beate, unsere Abteilungsleiterin, beschwerte sich beim Chef. g) Beim nächsten Treffen, also am Donnerstag, dem 17. April(,) im Konferenzraum, werden wir über das Thema diskutieren. h) Ich fragte mich, ob das die beste Lösung sei.

17 a) Unsere Chefin kann zwar gut kalkulieren, aber überzeugen kann sie nicht. – Komma, da entgegenstellende Konjunktion.
b) Herr Russ kam eine Stunde zu spät, er musste beim Arzt so lange warten. – Komma, denn zwei Hauptsätze werden durch ein Komma voneinander getrennt.
c) Die Kundin stand hier(,) völlig durchgefroren. – Komma kann bei einer Partizipgruppe gesetzt werden.
d) Ich liebe es, Büromaterial zu kaufen. – Komma, denn Infinitivgruppe wird durch *es* angekündigt.
e) Ich hasse Aufräumen, Saubermachen und Bügeln. – Komma bei Aufzählung, aber vor *und* steht kein Komma.
f) Das ist schon in Ordnung, es war ja nicht so schlimm. – Komma vor Nachtrag.

18 Neulich (ich glaube es war vor etwa zwei Wochen) waren meine Freundin Tina und ich shoppen – natürlich in unserer Lieblingsstadt wie immer. Es war ein schöner Tag; die Sonne schien und dennoch war es nicht zu heiß – genau das richtige Wetter für einen Stadtbummel. Und es wurde ein Glückstag für mich: Ich kaufte einen Rock und eine wunderschöne Halskette – beides im Sonderangebot. Und ich hatte noch Geld übrig, um Tina auf ein Eis einzuladen (natürlich bei unserem Lieblingsitaliener). Doch als ich das Eis bezahlen wollte, bekam ich einen Schreck: Mein Geldbeutel war weg! Ich wühlte meine ganzen Taschen durch; er blieb verschwunden. Ich überlegte: Wann hatte ich den Geldbeutel das letzte Mal gehabt? Als ich meine Kette gekauft hatte! Es half nichts: Wir mussten den ganzen Weg zurückgehen. Wir gingen also los (natürlich mit entsprechend schlechter Laune). Während des Gehens löste ich den Knoten meiner Weste, die ich mir um die Hüfte gebunden hatte, um sie anzuziehen, als plötzlich – ein dumpfes Geräusch erklang. Ich blieb stehen und schaute mich um: Mein Geldbeutel lag hinter mir auf dem Gehweg – er war aus meiner Weste gefallen! Ich schüttelte den Kopf: Dass ich daran nicht gedacht hatte! Wir lachten, hakten uns unter und gingen zurück.

19 Kleine, quirlige Kinder – zwei unvorsichtige Vierjährige – die unübersichtliche alte Hauptstraße – weißes, süßes und kleines Kaninchen – mit schweren, schmerzenden und langwierigen Verletzungen

20 Die Geschichte des Lesens
Das Lesen ist eine unverzichtbare Kulturtechnik, die notwendig ist, um am gesellschaftlichen Leben teilzunehmen. Lesen, insbesondere literarisches Lesen, ist zugleich ein emotionales Erlebnis, das Momente wie Genuss, Betroffenheit, Identifikation enthält bis hin zu Glückserlebnissen. So spricht man durchaus von literarischen Erfahrungen. Das Lesen ist eine vergleichsweise spät sich herausbildende Fähigkeit in der Geschichte der Menschheit. Die Anfänge des abendländischen Lesens und des Schreibens liegen im Orient. Anfangs beherrschten nur Priester, Verwaltungsbeamte und Kaufleute diese Kulturtechnik. Erst im 14. und 15. Jahrhundert wuchs die Zahl der Lesefähigen, vor allem in den Städten. Erst im 18. Jahrhundert entstand das heutige Lesepublikum der Belletristik: Vor allem Frauen und Jugendliche entdeckten das Lesen von Literatur.

21 Si-cher-heits-wes-te; Lis-te; List; Pä-da-go-ge / Päd-a-go-ge; Öko-nom; Ges-te; Ge-steck; ges-tern; Re-fe-ren-da-ri-at; Back-ofen; Elan; Ak-ti-en-de-pot; As-sis-tenz

Register

A Abkürzung (Bindestrich) 28
Adjektiv (Substantivierung) 6
Adjektiv + Verb 26
Adjektive von Personen-
namen 8
Adjektive, zusammen-
gesetzte 27
Adverb + Verb 26
adverbiale Wendung (Groß-
und Kleinschreibung) 7
Amtsbezeichnungen 8
Aneinanderreihungen,
nominale 7
Anglizismen 69
Anrede 10
Apposition (Komma) 81
Aufzählung (Komma) 81
Ausruf (Komma) 81
Ausrufewörter (Substanti-
vierung) 6
Ausrufezeichen 79

B Bindestrich 28
Bindewörter (Substanti-
vierung) 6

D *das / dass* 54
Datumsangabe (Komma) 82
Dehnung 43
Dehnungs-e 43
Dehnungs-h 43
direkte Rede 5
Doppelpunkt (Groß- und Klein-
schreibung nach D.) 5
Doppelvokal (Dehnung) 43
du (Groß- und Klein-
schreibung) 10
Dutzend (Groß- und Klein-
schreibung) 9

E Ehrenbezeichnungen 8
Eigennamen 8
Einschub (Komma) 81
Einzelbuchstaben
(Bindestrich) 28
end- / ent- 63
Ergänzungsbindestrich 28
Erläuterung, nachgestellte
(Komma) 81

F Farbbezeichnungen 7
Feste Begriffe 8
Fragezeichen 79
Fremdwörter 69
– aus dem Englischen 70
– aus dem Französischen 70
– aus dem Griechischen 70
– aus dem Lateinischen 70

G Gedankenstrich 81
Gliedsatz 79
Grundzahlen 9

H Hauptsatz 79
Herkunftsbezeichnungen 8
hundert (Groß- und Kleinschreibung) 9

I Infinitivgruppe 80
Interjektion (Substanti-
vierung) 6

K Komma 79
Konjunktion (Substanti-
vierung) 6
Konjunktion, entgegen-
stellende (Komma) 79
Konsonantenhäufung
(Schärfung) 44
Konsonantenverdopplung
(Schärfung) 44

L Literaturangabe (Komma) 82

N Nachtrag (Komma) 81
Namen 8
– geografische Namen 8
– historische Ereignisse 8
– Kalendertage 8
– Klassifizierungen 8
– Sternbilder 8
Nebensatz 79
nicht + Adjektiv 27

O Ordnungszahlen 9

P Paarformeln zur Personen-
bezeichnung 6
Partizip (Substantivierung) 6
Partizip + Verb 25
Partizipgruppe 80

Präposition (Substantivierung) 6
Präposition + Substantiv 27
Pronomen (Substanti-
vierung) 6
Punkt 79

R Redebegleitsatz (Komma) 82

S Satzanfang 5
Schärfung 44
seid / seit 66
Silbentrennung 99
s-Laut 44
Sprachbezeichnungen 7
Stadt / statt 55
Substantiv + Partizip 27
Substantiv + Verb 26
Substantivierung 6
Superlativ (Groß- und Klein-
schreibung) 7

T Tageszeiten 9
tausend (Groß- und Kleinschreibung) 9
Titel 8
tod- / tot- 55

U Überschrift 5
Uhrzeit 10

V Verb (Substantivierung) 6
Verb + *bleiben / lassen* 25
Verb + Verb 25

W *wider / wieder* 59
Wohnungsangabe
(Komma) 82
Wortgruppe 25
wörtliche Rede (Komma) 82

Z Zahladjektive 9
Zahlwörter (Substanti-
vierung) 6
Zeitangabe (Groß- und Klein-
schreibung) 9
Zeitangabe (Komma) 82
Ziffern (Bindestrich) 28
Zitat (Komma) 82
Zusammensetzung 25
Zusatz 81